Jean Etienne Lorck

Lautlehre eines Lateinisch-Bergamaskischen Glossars des XV. Jahrhunderts

Jean Etienne Lorck

Lautlehre eines Lateinisch-Bergamaskischen Glossars des XV. Jahrhunderts

ISBN/EAN: 9783743626119

Hergestellt in Europa, USA, Kanada, Australien, Japan

Cover: Foto ©Andreas Hilbeck / pixelio.de

Weitere Bücher finden Sie auf **www.hansebooks.com**

Lautlehre

eines

Lateinisch-Bergamaskischen Glossars

des XV. Jahrhunderts.

Inaugural-Dissertation

zur

Erlangung der Doctorwürde

bei der

philosophischen Fakultät

der Rheinischen Friedrich-Wilhelms-Universität zu Bonn
eingereicht, und nebst den beigefügten Thesen verteidigt

am 1. August 1890, Mittags 12 Uhr,

von

J. E. Lorck.

Opponenten:

Heinrich Adams, Dr. phil.
Max Bruns, Dr. phil.
Karl Othmer, Dr. phil.

Bonn,
Universitäts-Buchdruckerei von Carl Georgi.
1890.

Meiner Mutter.

Das lateinisch-bergamaskische Glossar, dessen lautliche Untersuchung hier vorliegt, wurde zuerst im Jahre 1870 von *Giusto Grion* im dritten Jahrgang des *Propugnatore* S. 80—88 in kurzem Auszuge veröffentlicht. Die sprachgeschichtliche Bedeutung dieses Denkmals für die Kunde der norditalischen und in's Besondere der ostlombardischen Mundarten bewog im Jahre 1880 Prof. *W. Förster*, bei einem Aufenthalte in Padua, zu einer erneuten und vollständigen Abschrift. Mein hochverehrter Lehrer hatte die grosse Güte mir dieselbe zur wissenschaftlichen Bearbeitung und spätern Herausgabe zur Verfügung zu stellen. So entstand die gegenwärtige Arbeit, der noch im Herbst der Text lexikalisch untersucht als besonderer Band der von *W. Förster* herausg. „Romanischen Bibliothek" folgen wird.

Das Glossar befindet sich in einer aus dem 15. Jahrhdt. stammenden Sammelhandschrift lateinisch-grammatikalischen Inhalts, *Cod.* 534 der königl. Universitätsbibliothek zu Padua. Es umfasst im Ganzen 42 Blätter in Kursivschrift.

Nach *Grion* soll die Orthographie des Glossars bezeugen, dass es Abschrift eines um etwa 100 Jahre weiter zurückliegenden Originals ist, also dem 14. Jhrhdt. angehört. Es ist jedoch nicht klar, woher der Herausgeber diese eingehende Kenntniss der damaligen Rechtschreibung schöpft. Die in unserm Text angewandte entspricht freilich in allen Punkten derjenigen der ältesten bergamaskischen Denkmäler aus dem 13. und 14. Jahrhdt.[1]. Doch kann dies, bei dem

---

[1] Dieselben sind sehr spärlich: ein Decalogos (188 V.) und ein Salve Maria (37 V.) aus einer Pergamenthdschr. des Jahres 1253, eine Passion (250 V.), ein kleines poetisches Bruchstück erzählenden Inhalts und eine kurze Grabschrift aus dem 14. Jahrhdt. wurden zuerst von Biondelli, nach einer Abschrift von *Rosa*, im *Appendix* seines „*Saggio sui dialetti gallo-italici*" 1853, dann in einem

Mangel an Belegen aus dem 15. Jahrhdt., die Annahme nicht ausschliessen, dass auch in der Folge die einmal übliche Schreibung beibehalten wurde. — Auch aus der Sprache des Glossars dürften sich kaum bestimmtere Schlüsse auf ein höheres Alter ziehen lassen, wenngleich dieselbe durchaus, sowohl was feste Regeln wie gelegentliches Schwanken anbelangt, mit den Sprachformen des Dekalogos und der Passion übereinstimmt. Die bergamaskische Mdt. ist, gleichwie die italienische Sprache und ihre andern Dialekte, im Laufe der Zeit so merkwürdig geringen und so langsam eintretenden Veränderungen ausgesetzt gewesen, dass eine so nahe Verwandtschaft nicht zur Annahme der Gleichzeitigkeit berechtigt. Liegen doch auch der Dekalogos und die Passion, die denselben sprachlichen Standpunkt aufweisen, ein Jahrhdt. auseinander.

Wenn Nichts hindert, die Entstehung des Glossars als gleichzeitig mit derjenigen der Hdschr. anzusetzen, so ist es andererseits sehr wahrscheinlich, dass unser Text selbst in zwei, zeitlich vielleicht nicht weit getrennte, jedoch ver-

---

spätern Abdruck in seinen „*Poesie lombarde inedite*" 1856 veröffentlicht. — Gabr. Rosa gab sie selbst im Jahre 1855 heraus, in seinem Buche: „*Dialetti, costumi e tradizioni delle provincie di Bergamo e di Brescia.*" — Die oben erwähnte, sonst notarielle Urkunden enthaltende Hdschr. befand sich zuerst im *Archivio notarile* zu Bergamo, war dann längere Zeit spurlos verschwunden, bis sie sich im Spitale dieser Stadt (*Arch. della misericordia*) wiederfand. — Prof. W. Förster hatte Gelegenheit die Abschrift *Rosa's* zu kollationieren, wobei sich bedeutende Abweichungen herausstellten. Eine neue Ausgabe derselben wird als Anhang derjenigen des Glossars beigefügt werden. — Tiraboschi in der Einltg. seines Wörterbuches S. 13, erwähnt aus dem 14. Jahrhdt. noch eines gewissen *Raimondo da Bergamo*, der den „*Tesoro*" *Brunetto Latini's* mundartlich übertragen habe, und dessen Uebersetzung sich in der *Pubblica Libreria di S. Marco* befände. — Aus dem 15. Jahrhdt. liegt nur unser Glossar vor. — Reichhaltiger wird die Litteratur von der Mitte des 16. Jahrhdt. ab. Es mögen hier nur folgende Namen angeführt werden, deren in den folgenden Ausführungen gelegentlich Erwähnung gethan wird: Bressano und Quinzano (*Gedichte*) 16. Jhrh.; Bressanini (*Ovid's Metam.*) c. 1630; Assonica (*Tasso's Goffredo*) 1670; Gius. Rota (*capitoli*) 1772; Pietro Ruggeri † 1858 „*il Porta bergamasco*", *Tirab.*

schiedenen Verfassern zuzuschreibende Hälften zerfällt. Es scheint dies zunächst aus dem Wechsel in der Anordnung hervorzugehen. Bis Glosse 1680 finden sich die bedeutungsverwandten Wörter in bestimmten Abschnitten und meist unter besondern lateinischen Ueberschriften zusammengefasst[1]). Von da bis zum Ende, Gl. 2125, folgt eine Erklärung der verschiedenartigsten lat. Synonymen, Homonymen und sich ähnlich sehenden Vokabeln, wobei der Fortsetzer an das letzte Wort des ältern Glossars angeknüpft zu haben scheint. — Dann zeigt auch die Sprache Unterschiede, wenngleich beide Verfasser augenfällig Bergamasken sind. Im erstern Theile wird die Mundart im Allgemeinen unverhüllter wiedergegeben, im zweiten zeigt sich Vorliebe für latinisierende, gelehrt konservative Schreibung; so werden ausltd. -o, -e = lt. -um, -em meist beibehalten, die *Infin.* auf -ar statt -a treten häufiger auf, die *Partiz.* endigen auf -at statt -ad. — Am deutlichsten möchte aber für die doppelte Autorschaft sprechen, dass von den drei Formen des *männl. Artikels Sing.* zuerst eine bestimmte, später eine andere entschieden bevorzugt wird.

Grion hat in seinem Auszuge nur den ersten Theil des Glossars berücksichtigt, da das letzte von ihm erwähnte Wort die Glosse 1665 ist. Durch Vergleichung mit der Abschrift *W. Förster's* sowie durch Heranziehung der heutigen Mundart, stellt sich eine grosse Anzahl von Lesefehlern bei *Grion* heraus, von denen die gröbern hier ihre Berichtigung finden mögen: p. 80) *souercing* st. *soverang, sbeza sbezad* st. *sceza* u. s. f., *miciniosa* st. *micimosa*; p. 81)

---

1) Die einzelnen Abschnitte sind der Reihenfolge nach: Der Mensch und seine Körpertheile (1—176), *De infirmitatibus capitis*, Haartracht, Kopfbekleidung (— 224), Allgem. Krankheiten, körperliche Gebrechen, die Sinne (— 382), *De vestibus et suis pertinentibus* (— 579), *De bello et pertinentibus ad bellum* (— 646), *De domo et pert. ad domum* (— 706), *De oreo (horreo) et pert. ad oreum* (— 743), *De camera et pert. ad cameram* (— 743), *De caminata et pert. ad caminatam* (— 745), Geräthe, Speisen (— 841), *De coquina et pert. ad coquinam* (— 1011), *De penu et eius pert.* (— 1088), *De stabulo et pert.* (— 1191), *De torculari et pert.* (— 1202), *De orto et pert.* (— 1265), *De planta et pert.* (— 1402), *De civitate* (— 1514*)*, *De arte* (— 1679).

seya st. *scya*; p. 82) *gatiula* st. *gatuila, gativol* st. *gatuiol, bambas* st. *bombas*; p. 83) *bacinet* st. *batinet*, vgl. Muss. Beitr. *bazeneto*; p. 84) *confi* st. *afi, pixis* st. *pyas, busla* st. *susla, nioch* st. *moch,* *steniada* st. *scemada*; p. 85) *prunale* st. *pirinale*; p. 86) *trosa* st. *troza, portent* st. *porteler, aguiad* st. *aginad*; p. 87) *calarol* st. *colarol, ramponci* st. *ramponazi, miniaga* st. *mimaga, barimbaga* st. *barunbaga, vinetum* st. *vinctum*; p. 88) *vescef* st. *vescof, gudaza* st. *gunaza, zebuli* st. *zebidi, lamisol* st. *l'amasola*. — Die von *Grion* herrührenden Accentuirungen sind zum Theil falsch, so ist zu lesen: *gómbet básia cámola stázo*. — Die Uebersetzung von *zuparel zupo zach* durch *zoccolo* ist unzutreffend, es liegt vielmehr *Wb. giubba giuppa giaco* vor.

Abkürzungen und Litteratur.

Arch. gl.	= Archivio glottologico italiano, diretto da G. J. Ascoli.
Asc.	= Ascoli.
Beitr.	= Mussafia, Beitrag zur Kunde der nordital. Mundarten im 15. Jahrh. Separatabdruck aus den Denkschr. der Wien. Akad. 1873/74. Bd. 22.
Bescapè	= Pietro da Bescapè ed. B. Biondelli in den Studii linguistici und den Poesie lombarde.
Biond.	= B. Biondelli, Saggio sui dialetti gallo-italici. Mil. 1853.
Bonv.	= Altmailändische Gedichte von Bonvesin da Riva, ed. Immanuel Becker in den Sitzungsber. der Berliner Akad. 1850—1851.
Caix. Etim.	= Caix, Studi di etimologia italiana e romanza, Firenze 1878.
Cherub. Voc. Mant.	= Fr. Cherubini, Vocabolario mantovano-italiano. Mil. 1827.
„ *Voc. Mil.*	= „ „ Vocabolario milanese-italiano. Mil. 1839—43. 4 Bde. — Suppl.-Bd. 1856.
Decal.	= Decalogos, s. die altbergamaskischen Denkmäler in der Einleitung.
Diez Gr.	= F. Diez, Grammatik der Romanischen Sprachen. 3. Aufl.
F. Btr.	= W. Förster, Beiträge zur romanischen Lautlehre, in Gröber's Zeitschr. Bd. III.
F. Gall. Ital. Pred.	= W. Förster, Gallo-Italische Predigten, in Böhmer's Roman. Studien IV, p. 1—92. 1879—80.
F. Parafr. lomb.	= W. Förster, Antica parafrasi lombarda del „Neminem laedi nisi a se ipso. Arch. glott. VII, 1—120.
Flech. Annot.	= Flechia, annotazioni sistematiche II. scrittura, fonologiá, morfologia. Arch. gl. X, p. 141—166.
Gröb. Grd.	= Grundriss der Romanischen Philologie, herausg. von G. Gröber.
Gröb. W. Arch.	= Gröber, vulgär-lateinische Substrate romanischer Wörter, in Wölfflin's Archiv für lateinische Lexikographie. 1884—87.
Mon. Ant.	= Monumenti antichi di dialetti italiani, pubbl. da A. Mussafia in Sitzungsber. der Wiener Akad. der Wissensch. Bd. XLVI, 113 ff.
Papanti	= I parlari italiani in Certaldo. 1875, ed. G. Papanti.
Pass.	= Passion, s. Einleitung.
Reich. Gl.	= Reichenauer Glossen, herausg. im Altfranzös. Uebungsbuch von W. Förster und E. Koschwitz. Heilbronn 1884.

Rosa	= Dialetti, costumi e tradizioni nelle provincie di Bergamo e di Brescia. Bergamo 1855.
Salv. Reg.	= Salve Regina, s. Einltg.
Salv.	= C. Salvioni, Fonetica del Dialetto Moderno della Città di Milano. — Torino 1884.
Salv. Pass.	= „ „ , La Passione e altre antiche scritture lombarde, im Arch. gl. IX, 1—20.
Schn.	= Chr. Schneller, die romanischen Volksmundarten in Südtirol. Gera 1870.
Tirab.	= Antonio Tiraboschi, Vocabolario dei dialetti bergamaschi antichi e moderni. Bergamo 1873. — Appendici. Bergamo 1879.
Tobler, Ug. da Laodho	= A. Tobler, Das Buch des Uguçon da Laodho, in Abhandl. der Berliner Akademie. 1884, I, p. 1—96.
Tobler, Dion. Cato	= A. Tobler, Die Altvenezianische Uebersetzung der Sprüche des Dionysius Cato, in Abhandl. der Berl. Akad. phil. hist. Kl. 1883, I, p. 1—87.
Wb.	= F. Diez, Etymologisches Wörterbuch der Romanischen Sprachen. 4. Aufl.
W. Meyer Gr.	= W. Meyer-Lübke, Grammatik der Romanischen Sprachen. 1. Bd. Lautlehre. Leipzig 1890.

---

berg.	= bergamaskisch (Tiraboschi, Rosa).
bres.	= brescianisch (Vocabolario Bresciano e Toscano, premessa la lezione di Paolo Gagliardi, intorno alle origini ed alcuni modi di dire del bresc. Brescia 1759. — Anonym (Verf. B. Pellizzari). — Rosa. — Melchiori stand mir nicht zur Verfügung.)
brianz.	= Brianzuolisch (Cherub. Voc. Mil. V).
com.	= comaskisch (Monti, Vocabolario dei dialetti della città e diocesi di Como. Mil. 1845. — Suppl.-Bd. Mil. 1856. — Salv. Pass.).
crem.	= cremonensisch.
emil.	= emilianisch.
mail.	= mailändisch (Cherubini).
mant.	= mantuanisch (Cherubini).
mir.	= mirandolesisch (Meschieri).
parm.	= parmesanisch.
piac.	= piacentinisch.
tess.	= tessinisch.
regg.	= reggianisch.
V. S. M. — V. G.	= Valle San Martino. — Valle Gandino (bergamaskische Alpenthäler).

Vokalismus.

Es mögen zunächst einige Bemerkungen über den Lautwerth der vorkommenden Vokale vorausgeschickt werden. — Während die mannigfaltige Schreibung der Consonanten durch Herbeiziehung der heutigen Mdt. ihre Erklärung findet, bleiben beim Vokalismus verschiedene Zweifel:

a hat den Werth a
e „ „ „ 1) eines offenen $ę$,
                     2) eines sich dem i nähernden geschlossenen $ẹ$,
i „ „ „ i
o „ „ „ 1) eines offenen $ǫ$ (oder eines $ö$), vgl. $ǫ$.
                     2) eines sich dem u nähernden $ọ$, vertritt vielleicht gelegentlich auch den u-Laut, vgl. $ǫ$[1]). —
u „ „ „ eines $ü$, ob unter Umständen auch den eines u möchte fraglich sein[1]). —

---

[1] Zweifel über die Qualität des u unseres Textes können nur da auftreten, wo es sich um sekundäre Entwicklung aus vlt. $ǫ$ handelt, weil lat. $ū$ von vornherein lomb. als $ü$ anzusetzen ist. Da dem sekundären u des Glossars im heutigen bergam. meist ein $ü$ oder Weiterbildungen eines solchen entsprechen, auch im Glossar einige Fälle von Fortentwicklung zu i (über $ü$) vorliegen, möchte man versucht sein, auch dem sekundären u durchweg den Werth eines $ü$ beizulegen. — Die jetzige Mdt. zeigt freilich in den Endg. -*onem*, -*onum*, -*orem*, -*osum* noch heute u, doch weist hier unser Text ein o auf, sodass der Wandel ein späterer zu sein scheint.

Vlt. **a** = kl. lt. āă.

I. Betontes a
bleibt in offener und geschlossener Silbe.

A. in offener Silbe: *sconfiad* 867 *salvadeg* 1149 *murzader* 1582 (*merciator) *giaf* 105 *naf* 1788 *aver* 67 (*labrum*); *piagi* 1542 *pesnaga* 1241; *pala* 693 *sales* 1326 *stival* 454; vor m, n: *camera* 707 *stram* 730 *salam* 905; *maneg* 815 *ánes* 1262 *mazorana* 1216; in den Auslt. getreten: *ma* 98 *gra* 666 *artesá* 1516; -arem: *sangiar* 782 *foglá* 849; Infin. -are zu -a(r), vgl. r. — Im Hiat. -I: *zayna* 753 *animay* 50 *cavay* 1090.

Ausnahmen: -arium über -*ęrium* zu -er(-eri) berg. bres. -*er*(-*ere*) mail. -*e*(-*eri*)[1]. *colzer* 444 *senter* 622 *ster* 652 *scoler* 707 *sigier* 935 *penser* 1882 u. a. *guarneri* 950 *lavoreri* 1520; Rosa: Dckal. *cavalere*, p. 135 : *lezeri, sentieri, verzieri*; auch venez. -*erio*, vgl. *Ascoli, Arch. gl. III* 258; it. *iere*. — -era: *viscra* 495 *pancera* 501 *legiera* 709 u. a. Denselben Weg gehen: *gicra* 635 (*glarea*) *era* 696. — Seltener zu halbgelehrtem -ari: *sudari* 318 *pavisari* 524 *armari* 950 *roversari* 1380 *breviari* 1430; auffällig scheint *dinaro* 1756 Pass. *dener* lomb. *dane*(*r*).

alegra 2076 von *álacrem* — *álecrem — gem. rom. **alécrum; ceresa 1309 v. κέρασος. — *céresus — **ceręsia. — In asé früher Fall des intervok. *t* und Einwirkung des Hiat.-I: *ad* -*sa*(*t*)*i*(*s*) *-*asse*(*i*). — Merkwürdig ist semen 1900 berg. *sam samen somen*, das man gern für einen Lesefehler statt *somen* halten möchte. Es liegt hier wie im heutigen *somen* ladin. Einfluss vor. Schon in den berg. Alpen tritt die Trübung des *a* zu *ę* ein (bloss vor Nasalen?), vgl. Tiraboschi, *Vocab.* p. 32: „*Nella* Valle Seriana *superiore* (*Clusone*) *la vocale* a *è un misto di* a *e di* e; *onde si pronuncia Pä Domä* (*pane domane*)." Etwas weiter nörd-

---

[1] Die Formen mit erhaltenem -*i*(-*e*) im Auslt. sprechen auch hier für die Annahme *á* zu *e* durch Umlt., vgl. Förster Btr., *Zeitschr. III* 508 ff. und gegen die von W. Meyer *Gr.* § 521 für das Lomb. wieder hervorgeholte Zwischenstufe -airu.

lich (*Brusio* im Puschlav) zeigt sich dieselbe Erscheinung nach Palatalen, vgl. *W. Meyer Gr.* § 263.

a zu o durch Verschmelzung mit folgd. *u*-Elem.: fo 1333 (*fa(g)um*); cho 1392 (*ca(p)ut*), vgl. *W. Meyer Gr.* § 555; giod 1857 (*clavum*). — In plola 1638 *plolet* 1639 (*plana*) berg. *piola* bres. *piona* zeigt sich wieder rätische Beeinflussung, vgl. *W. Meyer Gr.* § 274; vgl. *bordonal* unter unbet. *a*. — Betr. golta 69, vgl. *au*.

B. in geschloss. Silbe: *fassa* 461 (*fascia) *as* 624 (*axem*) *masteg* 1568; - acium = -*az*; *giaza* 1570 (*glaciem*) *raz* 1391 (*radium*); -ac'lum -ag'lum zu -*ag*, phon. *ač ağ*, vgl. *l*; a + ct zu -*ag*, phon. *ač*, vgl. *c*; a + ñ: *scagnio* 737 *stang* 877; a + (l)j: *ay* 1225 *tay* 1648 *teray* 1994 (*terralium st. *terrarium*); a + gedecktem m, n: *gamba* 169 *gambar* 1680; *brand* 531 *gianda* 1316 *sang* 160 *bianch* 45 u. a.; a + gedecktem l: *palma* 101 *smald* 476 *albio* 934 *malva* 1256 *vidalba* 1263 *rechalg* 1410 *alta* 1862 *altri* 50, 263, vgl. jedoch unten.

Ausnahmen: a zu e vor gedecktem r: erbor 1192, 1267, 1275 neb. *arbor* 1697 *arbero* 1755 *arbore* 1758, 1773 *arboro* 1992, lomb. mit *e*; mascherpa 1177 (Etym.?) neb. mail. com. *mascarpa*, amail. auch *mascherpa*. — Betr. castegnia 1297, vgl. *W. Meyer Gr.* § 273. — ceza 30 (it. *zazza*?). — portent 1109; *Part. Präs. 1. Conjug.* auf -*entem* sind häufig im Nordital., auch im alten Toskan. belegt. Entweder analoge Anbildung an die Part. Präs. der andern Conjug., oder aus dem Plural übernommener Umlaut.

a häufig zu o vor gedecktem *l*. Nach *W. Meyer Gr.* § 252 wäre der Wandel unmittelbar vor sich gegangen, nicht über rät. *au*: *folda* 421 *molta* 632 *asolt* 2057 (*ad-saltum*) *oltra* 769 *colza* 435 *folz* 1397; doch fällt *l* in oter 93, 114, 586 *plur.*, vgl. *uniz* (*alnitium*) 1328, andere Beisp. unter unbet. *a*.

Eigenthümlich ist *froscha* 36, 1272, 2041 *froschada* 577 berg. com. *frosca* mail. *frasca*.

II. Unbetontes a.

A. im Anlaut. — Bei Mascul. meist erhalten: *anel* 110 *alef* 789 *agrest* 1064 *avroden* 1229 u. a. — In *la lum* 1570 (*allumen*) wurde der agglutinirte männl. Artikel. + anltd. *a* für weibl. Artikel gehalten und Genuswechsel herbeigeführt. — *laguiad* 1161 (*aculeatum) vielleicht auch Femininum, vgl. bres. *la goi* (*aculeum*); doch *ol goio* 1161 mit Aphärese des *a*, ebenso *sasí* 529 *pom ranz* 1322. — Bei Femininis ist die Aphärese Regel wegen Syncope mit dem Artikel: *seya* 97 (*axilla*), daneben *la osella* 2062 mit gelehrtem und falschem *o*, *ceta* 527 *teza* 579 (*attegia*) *vena* 663 *mola* 817 (*hamula*) *gogia* (1634) (**acuc(u)la*) *guzeza* 1805 (*acutj* + *itia*) u. a.
Anltd. an- am- zum Präf. in- im- geschlagen, vgl. *Salv.* § 79: ingosa 369 (*angustia*) berg. mail. *ingossa*; inguila 1666; impoleta 1574 (v. *ampulla*). — Anltd. *a* zu e: erbosel 1350 vgl. *erbor*. — zu o vor gedecktem *l*: olsape 617 (*altia pedem*) mail. com. *alzape* span. *alzapié*; wegen folgd. *u*-Elem. olana 1296 (*abellana-* **av'lana-* **aulana).

B. inlautend *a*) **vortonig** meist erhalten: *cavel* 28 *canaruz* 86 (v. *canalis*) *cafdel* 119 *lagiet* 153 (v. *lactis*) *fasol* 679 *gramenia* 691; *payli* 330 (*patire*? *paidir) *guayna* 763 *raýs* 1269 (*radicem*) u. a. — vor gedecktem *l*: *palpera* 41 *calcagnio* 171 *palpigniá* 365 *balchó* 603 *recalchá* 1047 *calgier* 1587 *albergat* 1735. — häufig zu e geschwächt: *regazo* 550 *resora* 651 *stegniada* 816 *trevis* 1092 (*trabitium) *pesnaga* 1241 *preder* 1364 *segrá* 1510 *segrestia* 1508 neb. *sagrament* 1512 *meneschalch* 1585 *sertor* 1589 doch *sartor* 432 *resó* 2035 (*rationem*). — Bei *seita* 516 ist die Stelle des Accents unsicher, berg. bres. *séita*; doch wird die Schwächung des *a* zu *e* in unbet. Stellg. vor sich gegangen sein. — zu *e* durch Attraktion eines *I* der Folgesilbe: verola 241 (**varióla-* **vairola) perol 876 (*pariolum*) veró 1670 (*varionem), im heut. berg. nebeneinander die erforderlichen Zwischenstufen *variú-vairú-veirú-verú*.
a vorton. zu o wegen folgd. Labialis: sofrá 758 berg. *sofrá*, mail. *zaffran*; vor gedecktem *l*: coldera 875;

zu *incolzar* 2021 *colzer* 444 neb. *calzá* 436 *calzoler* 1588 *afoldá* 422 *smoltá* 643 *folcí* 1398 s. die Grundwörter unter betont. *a*; — dies *o* kann sich wie primäres in unbet. Silbe zu u erhöhen: culcina 633 berg. *calsina* und mit Einbusse des *l*, uniz 1328 berg. *önés onís üníz*. — zu o auf rätischem Wege vor n: bordonal 888 (dtsch. *brant*) berg. landschaftl. *brandenal-brondonal-bordunal*. — lotó 1613 (Wb. *ottone*). — zu i in colirol 1021 (v. *colare*?) mail. *colarö*.

a vorton. gefallen in *mister* 1030, 1597 (*magistrum-magister-maíster-meíster*).

b) nachtonig. Es sei zunächst die Rede von dem tonlosen Mittelvokal in Proparoxytonis, wobei ausser *a* auch die übrigen Vokale im Zusammenhang behandelt werden können. Der in dieser Stellung bevorzugte Vokal ist *e*, zu dem sich die andern mit Vorliebe abschwächen. Nach W. *Meyer Gr.* § 335 stellt sich in diesem Punkte das Bergam. „im ganzen" zum Weströt., dh. es tilgt den tonlos. Mittelvokal bei ausltd. *a*, behält ihn sonst bei. Es mögen daher die *Femin*. von den *Mascul*. getrennt aufgeführt werden.

Masculina a: *stomeg* 123 *sicel* 662 çeven 1675 *cater* 224 (*cattarum* st. *catarrhum*!) bres. *cáter* „*gotta*". a erhalten: *capar* 1251 *gambar* 1680. — e: *zoven* 13 *pover* 581 *ciser* 675 *chuchumer* 1248 *vesper* 1497 *piver* 1530 *zucher* 1549. — In *cender* 206 *vander* 969 berg. *sender vandí* mail. šener šender (auch *tender* = *tenerum*) ist ein *d* eingetreten, obgleich die Gruppe *n'r* durch einen, wenn auch tonlos. Vokal getrennt ist. Hier wie in manchem andern Beisp., mag auch ein nach Fall des Mittelvokals später eingetretenes Stütz-*e* vorliegen[1]). — i: *virgen* 7 *pechen* 189 *calizen* 846 *inchizen* 1617; *cisen* 723 *cofen* 740; *naspel* 1311 *dater* 1324; *astreg* 644 *porteg* 742 *maneg* 815; *companadeg* 801 *salvadeg* 1149; *formag* 1178 *lenguag* 287 sind wie im Ital., wohl durch frz. Einfl., eigene Wege gegangen; *vertes* 196 *anes* 1262 *sales* 1326; *gombet* 96 *zespet* 1268; *homeng* 586 *aseni* 1726. — erhalten in gelehrten

---

1) Ascoli *Arch. gl. I* 308 nimmt für friaul. *vandí* (tirol. *vand*) Wandel von -*nn*- zu -*nd*- an.

Wörtern: *camis* 1461 *acolit* 1478 *arsinig* 1571 *termino* 1898 u. a. — o u: *avroden* 1229 *zagen* 1476; *rover* 1335 *arbero* 1755; *biguel* 127 *lombel* 159 *temel* 1660; *veschef* 1469. — *marzader* 1582 *revenzader* 1595 (*revendiator) gehören als Paroxytona eigentlich nicht hierher. — *o* erhalten vor *r*: *marmor* 629 *levor* 783 *erbor* 1192. — Dimin. Endg. *-ol*: *picol* 727. — *testicol* 142 *pericol* 1933 *povol* 2063 *populo* 2063 *cerculo* 1873 sind mehr oder weniger gelehrt. Schon vlt. *-clum* st. *-culum*. — *sapiando* + *inclin*. Pronomen gibt *sapiandel* 1995 *sapiandol* 1996¹). — *stram* 730 *ram* 878 *salam* 906 *rusum* 1153 *stam* 1522 *legniam* 1597 *fiume* 1815 *nom* 1980 *pedersem* 1210 („Petersamen" volksthüml. Umbildung v. πετροσέλινον) gehen wie die entspr. it. Paroxytona auf *stramen, aeramen* u. s. f. zurück, während *semen* 1900 im Gegensatz zu *sciame* auf *examinem hinweist, s p a n. *enjambre*.

Feminina: *caneva* 1012 *lampada* 1455; *colera* 163 *camera* 707 *rasega* 1973 neb. *rasga* 1637; *femena* 3, 1368 neb. *femna* 29, 125 *lendena* 185 *pertega* 739 *ameda* 1727 *rondena* 1836; in den Adjekt. auf -i d a fällt das *-d-* der Endg., *i* bleibt vokalisch nach Labialen, palatisirt nach Gutturalen: *trobia* 1060 (*turbida*) *crespia* 1073 *marza* 182 (*marcida*) *ranza* 1000; *i* erhalten in *lagrimi* 370 und gelehrten Wörtern *tisicha* 232 u. a. *o* erhalten: *pegora* 1166 *pegori* 1189; in der Dimin. Endg. *-ola*: *fritola* 796 *amola* 817 *pendola* 1033, auch *tavola* 747; *glandula* 1315 u. a. gelehrt. — Neigung den tonlosen Mittelvokal auszustossen besonders bei den S u b s t. auf - i c a m : *codga* 25 *nadga* 145 *melga* 669 *salvadga* 785 *luganga* 987; ferner in: *frosna* 1657; *busla* 756 neb. *busola* 1564 *busolot* 1563 *pobla* 1327. — In *dona* 1 *virda* 863 *brasca* 1760 *perla* 200 ist die Syncope gem. rom.

C. im Auslaut tonlos. *a* erhalten als Femin. Endg.; in Verbalformen *mangia* 184 *sia* 1906 *era* 1700 *usava* 1827 u. a.; als l o m b. Endg. von Indeklinabilien *fora* 1745; Präpos. *da* Zahlwt. *trenta* 1704.

---

1) Salvioni § 100: *vedendom*, „*vedendomi*", *credom* „*credermi*", *che generalmente suonano* „*vedendem*", „*credem*".

e.

I. v l t. ę = k l. l t. ĕ ae.

A. in offener Silbe bleibt e. Das Lombard. hat keine Diphthongirung[1]). — *moier* 5 (*muliḗrem) *dred* 22 (*de-rĕtro, drĕt(r)o*) *cel* 80 (*ciel* 1743 blosse Schreibung) *fel* 156 *fevera* 245 *preda* 628 (*pĕtra*) *pegora* 775 *levor* 783 *zesia* 1420 (*ecclĕsia) *preved* 1458 *giereg* 1475 (*clĕricum) *medeg* 1539 *ven* 1814 (*vĕnit*); *pe* 172 *fe* 1402 (*faenum*) *te* 1914 (*tĕnet*).

Ausnahmen. zu i: im Hiatus dio 1698 neb. *deo* 1752 *dei* 1825 *deij* 1860; in *arsinig* 1571. — zu a: rasega 1973 *rasga* 1637, wo *a* aus unbetonter Stellung beim entsprechenden Zeitwort zu erklären sein wird, vgl. bres. *resegá rasegá.*

Suff. -ĕrium (wozu sich gr. -ηριον geschlagen) gibt -er -eri, berg. bres. -*er ere: canter* 599 *mester* 1515 *paper* 1561 (*papĕrium st. *papyr(i)um*); halbgelehrt *salteri* 950 *desideri* 2067 sogar *batizer*ij 1483. — Auch fera 1418 gehört hierher, vgl. it. *fiera*, aus *fēria* mit I-Ablt. **fęria.*

B. in geschlossener Silbe = e: *veg* 15 (**vec'lum* st. *vet(u)lum*) *dent* 72 *mez* 109 *peg* 115 *veter* 125 (*vĕnter*) *pel* 157 *lendena* 185 *pechen* 189 *fer* 499 *leg* 554 (*lĕctum*) *teza* 579 (*attĕgia*) *confeg* 824 (*confĕctum*) u. a. — ēnto: *onguent* 380 *forment* 659 -ĕllo: *anel* 110 *osel* 215 *osey* 113 u. a.

Ausnahmen. zu a: naspol 1311 (*mespilum*) berg. *naspol;* vivanda 765 frz. Einfluss; sapiandol 1995 nach Analogie der Gerundia I. Conjug., vgl. Tobler, *Ug. da Laodho* 27; *Dion. Cato* 25.

---

1) In den heutigen lombard. Mdt. (berg., bres., mail.) besteht die Hauptregel, dass *e*, ohne irgend welche Rücksicht auf seinen latein. Ursprung, iń offener Silbe geschlossen, in geschlossener Silbe (ausser vor gedecktem *n*) offen ist. Aehnlich im Frz. seit dem 12. Jhrhdt. — Ob dies schon zur Zeit unseres Glossars der Fall war, muss dahingestellt bleiben.

II. v lt. ẹ = k l. l t. ē ĭ oe.

A. in offener Silbe: *femena* 3 *venà* 85 *red* 209 *pared* 592 (*pariētem-**parētem) *speci* 759 *delef* 897 (it. *dileguo*) *roveda* 1340 *ceri* 1449 *recever* 1963; *re* 131 (*rēn*) *re* 584 (*regem*) *se* 415 (*sĭnum*) *tre* 1361 (*terrenum*) u. a. Ausnahmen. *vlt. ẹ* findet sich im Bergam. gern zu i erhöht[1]). — Nach einer Sibilanz in: sida 390 sigel 662 (v lt. *sécale*)[I]) asit 1061, vgl. Salv. Pass. *sira* 25, 32; cib 766, häufig in Norditalien, ist wohl halbgelehrt; ciser 675 cisen 723; si 264, 305, 311 u. ö., betonte Form des reflex. Pron. neben unbet. se 338, 686 u. ö.; Conjunction se. Nach einer Labialis in pil 27 pir 1277 piver 1530 bif 2096 (*bibere*), wo auch die heutige Mdt. im Gegensatz zum bres. mail. ein *i* aufweist; halbgelehrt sind batisem 1481 exprimer 2087 turibol 1452 manipol 1463; ebenso Subst. auf -itium -iculum: *officio* 1471 *juditio* 1513 *zentilisia* 1945; *perigol* 1933 *biguel* 127; licito 1833 pigra 1928 entspr. den ital. Wörtern, sind auch nicht volksthümliche Formen. — tri 248 von *trēi mit analogem Plur.-I, berg. *tri* masc. *tre* fem., ebenso Bonves. — did 106 lomb. *dit* [2]) vom weitverbreiteten *dītum (*dĭgĭtum*-**dij(i)to*). — Im Suff. -e(n)sum -e(n)sem hat sich auch *ẹ* zu *i* gehoben: *arnis* 508 *pis* 1829; *prisa* 1537; vgl. auch *payisó* 323 *pavisari* 524 *veronisari* 525. — Suff. -etum: *castegnid* 1358, wegen *ñ*. — franzos 1999 vom frz. *françóis*. — Die Verba auf -ēre haben sich aus Analogie zu denen auf -ire geschlagen, daher auch *soliva* 686.

---

1) Tiraboschi in Papanti: „*I parlari italiani*" p. 12: „*Ai tempi dell' Assonica* (1670) *era ancora costante l' i in luogo dell' e finale atono, come dell' e stretto anche accentato*".

2) Die Vermuthung d'Ovidio's *Gröb. Grdr.* 507, Anm. 3 lomb. *dit* sei ein Toskanismus ist höchst unwahrscheinlich.

I) d. h. *sẹ́cale*; denn die quantität *sĕcale* ist falsch und beruht auf der falschen Ableitung von *sĕcare*. Das Ital. hat *segale*, mtllat. *sigala*, und schon das Edict Dioclet. 1, 3 hat *sicale*. Wahrscheinlich ist auch *sicale* die urspr. Betonung, die sich fast in allen rom. Sprachen wiederfindet; so dass das nur in wenigen Mundarten nachweisbare *sicále erst später durch Anlehnung an das weitverbreitete Suffix *-álem* entstanden sein dürfte.   W. F.

B. in geschloss. Silbe: *sinestra* 100 *treza* 201 *sempia* 216 *meter* 365 *dentro* 365 *cep* 451 *coreza* 468 *stregia* 551 *teg* 593 (*tēctum*) *vezza* 683 *lavez* 873 *crespia* 1073 *stella* 1681 *pes* 1652 (*pĭscem*) *speg* 1912 (*spēc(u)lum*) u. a. ĭ + ñ: *seng* 265 *leng* 732. *tegnia* 177 u. a. -ittum = -et; -ĭllum = -el; -ĭlium: *mey* 667 *consey* 2116 *roveya* 678; -ĭtium -ĭceum: *pez* 1334 *caveza* 1123, doch *riz* 1338 gem. rom. *erīcius*; -ĭc'la: *oregia* 49 *segia* 416 u. a., doch cadigia 172 cavigia 1771 lentigia 184 mit beibehaltenem *i* entspr. it. *cavicchio lenticchia*[1]).

Ausnahmen. Kl. lt. ĭ häufig erhalten als i; vor gedecktem r: *virgen* 6 *virda* 863 *cirg* 1028, 1393 *virga* 1193 *virgi* 1349 *virz* 1208 *vriz* 1688 (*vĭrĭdium*) *irpeg* 1377; vor gedecktem n: *cing* 40 neb. *cengia* 1130 (*cĭng(u)lum*) *lingua* 81 *inter* 311 *stringa* 386 *binda* 459; ferner in glis 640 (*glĭceum*) blida 1209 (*blĭtum*) silva 1352 misa 1432 neb. *mesa* 1456 pinola 1543[2]) pilter 1605 (Wb. *peltro*) signo 1721 signi 1801 neb. *seng* 265. — In seyta 516 mister 1030 ist wohl der urspr. Hiatus *ai* Schuld an dem Bleiben des *i*. — ĭllum als Art. und Pron. Pers. unter unbet. *i*. —

ē zu i: *indrita* 99 *drig* 1977 entspr. it. *diritto*. — ĭ zu o in *vord* 1062? (*vĭrĭdis*?).

III. Unbetontes e.

A. im Anlaut gewöhnlich Aphärese: *mina* 653 *ram* 878 *ricola* 1235 *riz* 1338 *zesia* 1420 *veschef* 1469 *ruzen* 1620 *semen* 1901; erhalten in: *edad* 12 *evangelio* 1442; zu i: *insuda* 260 (v. *exire*), vgl. W. Meyer *Gr.* § 588.

B. im Inlaut *a*) vortonig meist erhalten: *cenevella* 194 *peverada* 757 *cadenil* 847 *sedaz* 965 (it. *staccio*) *vaselet* 1019 *candeler* 1447 *segur* 1650 (it. *scure*) u. a. Präpos. *de* = de, seltener *di* (it. *di*), Präfix *re-de-* = re-de- (it. *ri-di-*): *resvegiá* 286 *refiadar* 355 *resposti* 1825 *remover*

---

1) d'Ovidio *Gröb. Grd.* 506 nimmt Anbildung an die Parallelformen *caviglio lentiglia* an. Unwahrscheinlich und für's Lomb., wo keine zweiten Formen existiren, ausgeschlossen.

2) „ *Gröb. Grd.* 504 „in it. *pillora pillola* ist *i* gelehrt."

2058; *deventato* 1700. — gefallen: *dred* 22 *cervel* 33 *ster* 652 (*sextarium*) *tre* 1361 *scudler* 1584 *plicer* 1593 (*pelliciarius); zu a vor *r, l*: *stranudá* 64 *stranud* 66 (*ster-*star-*stranutare*)¹) *scarmí* 555 *marenda* 835 *marchad* 1416 *marzader* 1582 *yarobi* 1642 (*verubium) *almet* 1850. — *ganassa* 70 entspr. dem frz. ital., *lavez* 873 entspr. it. *laveggio*. — zu i im Hiatus: *miola* 133 (*medulla*) *piog* 188 *cavriol* 1088 *cavirol* 1080; vor *n*: *zinog* 167 *dinaro* 1754 *miniaga* 1283; bei einer Sibilanz: *sigez* 705 (v. *secare*) *sigier* 935 neb. *segia* 416 *cigola* 1224 (*cepula* od. *cepulla*, Accent? berg. *sigóla sígola* mail. *scigólla* com. *scígola*) *spiciaria* 1525 *spicier* 1528 neb. *speci* 759. — ferner in *giró* 420 (Wb. *gherone*) *timó* 1387 *sticheto* 1693. — zu o vor Labialen: *roveya* 678 (*er-*re-rovilia*) *soveter* 960 (*sequenter) *roversari* 1380; in *rognió* 159 it. *rognone* mag Angleichung an den Tonvokal eingetreten sein. Desgleichen in *glotó* 688 (Wb. *gleton*) berg. *glotú glutú* mail. giotton, wo jedoch auch Anbildung an *ghiotto* berg. *giuto* 364, heute *giotú*, com. mail. *giotton* vorliegen kann, vgl. auch frz. *glouteron* mit *glout glouton*²).

b) nachtonig, s. unter unbet. *a*.

C. im Auslaut. Die Feminina 1. Dekl. lauten wie die Mask. im Plur. auf -i aus. [Decal. Pass. Plur. Fem. -i, seltener -e; Mask. ohne Endg. oder -i; Fem. Plur. auf -i bis zum 17. Jhrhdt., vgl. Anm. 1 zu *ę*; neu berg. Plur. Fem. -e; Mask. ohne Endg., (jedoch *caai agnei coi* u.s.f., vgl. *l*); V. Imagna u. V. Gandino ohne irgend welche Plur. Endg. — Bonves. Salv. Passion. F. Parafr. lomb. Plur. Fem. -e; Mask. -i; — Mail. Plur. Masc. und Fem. endungslos, doch bei einigen Pron. und Adjekt. Pluralbildg. auf -i für beide Geschlechter, vgl. *Salv*. § 106. — Busto Arsizio (Unterdial. des Mail.) Fem. Plur. auf -i. — Mantua in der heutigen Bauernsprache und in alten Denkm. (c. 1400) Fem. Plur. auf -i, Mask. ohne Endg., vgl. Cherubini, *Vocab. Mantov.* p. XX; desgl. in Parma „e qualche

---

1) W. Meyer, *Gr.* § 576 nimmt Einmischung des Präf. *stra-* an.

2) W. Meyer *Gr.* 371: „*glouteron* gehört nicht zu *glette*, sondern zunächst zu norm. *glyot*.

dialetto romagnolo", vgl. Biondelli *Saggio* p. 212. Auch Beitr. 19 sind Fem. Plur. auf -*i*. — Der weibl. Artikel Plur. lautet auf dem ganzen Gebiete (auch bei *Bonves.*) auf -*i* aus und hat (ausser in *Mantua* Masc. i Fem. li) für beide Geschlechter dieselbe Form]. — Ist nun in dieser Erscheinung eine blosse Verdrängung der Endung des Fem. Plur. durch diejenige des Mask. Plur., wie *Salvioni* für's Mail. annimmt, oder eine lautl. Erscheinung zu sehen? Ohne Zweifel letzteres. Die verschiedenen Schicksale der beiden *i* weisen von vornherein auf verschiedenen Lautwerth hin. — Das neubergam. Fem. Plur. -*e* muss, da an einen Einfluss der Schriftsprache kaum zu denken ist, eine Verdumpfung des ältern *i* aus *c(æ)* sein. — Andere sekundär in den Auslt. getretene lat. *i* haben denselben Wandel durchgemacht: sie befinden sich im Glossar auf der Stufe -*i* und so bis zum 17. Jahrhdt., in der heutigen Mdt. auf der Stufe -*e*, vgl. Suff. -*arium*, -*erium* zu -*eri*, heute -*ere*; *marobi* 1230 *albio* 934 *ceri* 1449 *officio* 1771 u. a. zu *maröbe albe sere öfesse*, (V. Imagna noch heute -*i*); ganz übereinstimmend mit dem Plur. -*æ* ist endlich das -*e* des *Conj. Praes. 1. Conj.* zu -*i*, heute -*e* geworden: *parli* 338 *plegi* 1929 *cazi* 1732 Decal. *castigi pecchi* Pass. *conservi*. — Was nun die lautliche Erklärung des Ueberganges -*e* zu -*i* anbelangt, so scheint derselbe begründet in einer allgemeinen Neigung der lomb. Aussprache, ein noch vollen Vokalwerth besitzendes *e* im unbet. Auslaut zu *i* zu erhöhen. So tritt in Busto Arsizio, das den Auslaut bis heute ausnahmsweise erhalten hat, jedes ausltd. -*e* als *i* auf: *antigamenti pasi disi = dice* u. s. f. In Mailand selbst wird ausltd. *e* in neueren der Schriftsprache entlehnten Wörtern wie *i* ausgesprochen: *affari inveci forsi* u. s. f., vgl. *Salv.* § 106. — Es liegt nun nahe für das Lomb. überhaupt ursprünglich lat. -*ae* gleich *i* anzusetzen. Bei Bonvesin etc. wäre dann schon die Verdumpfung eingetreten. Der Qualitätsunterschied der beiden *i* im Amail. geht noch heute hervor aus der verschiedenen Behandlung, die einem nach Fall der Endg. in den Auslt. getretenen *n* zu Theil geworden ist: pl. *paisã vesĩ*, doch *campan paisan*. — Vortonig jedoch, beim Artikel, fielen die beiden *i*-Laute frühzeitig zusammen und so entstand der dem Lomb.

eigene, im Plural gemeinschaftliche Artikel. Ebenso im mail. Masc. und Fem. Plur. *sti qui certi* u. s. f., wo die Vokale durch die syntaktisch enge Verbindung mit dem folgenden Nomen sich gewissermassen im Inlaut befanden und ungeschwächt erhalten blieben. *coli lagrimi* 302 *casi* 637 *vivandi* 767 *li bestij piceni* 1189 *del besti-grossi* 1190 *virgi* 1349 *rodi* 1386 *piagi* 1542 *frici* 1722 *li cosi sancti chi sono ascosi* 1753 *li richizi* 1798 *armi* 1806 *li avi* 1900 (lomb. *apa); bei *dui *duæ st. *duo duæ* laufen die Formen durcheinander, Masc. *do* 485, 1714 *doy* 1843 Fem. *do* 1386 *doy* 1715, ebenso im heut. berg. *du doi — du doi dò*, dagegen bres. *du — do*. — Zweimal steht e: *doy sorelle* 1715 *le done* 1777 (Decal. *li doni*); das unmögliche *le nave* 1788 neb. *li navi* 2064 (Decal. pl. *sorore pecadore incantadorc*) legt es nahe, hierin blosse Schreibung zu sehen.

staga 1904 possa 1905 sind dem Conjunctiv der 3. Conjug. analog gebildet. vgl. Beitr. 20: „*daga*" „erweiterte Form." — Im Mail. lautet der Conj. Praes. stets auf -*a* aus, *Salv.* § 107 b.

Subst. auf -*em* verlieren in der Regel das in den Auslt. getretene *e*. Bei Bonves. noch erhalten, im heut. Lomb. durchweg gefallen. Bis Gl. 1680 ist dasselbe nur dreimal geblieben: *parte* 21 neb. *part* 22 *fronte* 35 *pede* 176 neb. *pe* 173. — Von da an, in Folge gelehrter Schreibung, häufiger.

Die *Infin.*-Endg. -ĕre schwindet entweder ganz oder erhält sich als -er, vgl. unter *r*.

In der 3. Sg. Ind. Präs. 2. u. 3. Conjug. ist ausltd. *e* erhalten in *scrive* 1870 *dole* 1934, gefallen in *te* 1913, womit zu vergl. *ben* 1934 (*bene*).

Eintritt eines unorgan. e zwischen muta + liq. in *fevera* 245.

Im Anschluss an unbet. *e* möge hier die Erscheinung des sogen. Stütz-e ihre Besprechung finden. Während dasselbe im Piemont. nach franz. Art an's Wortende tritt, im Mail. nach prov. churw. Weise entweder zwischen die in den Ausl. getretene Consonantengruppe gesetzt wird oder sich an dieselbe anlehnt (in letzterem Falle jedoch Stütz-*a*, vgl. *Salv.* § 107 *d*, 108), wird im berg. bres. das Stütz-*e* stets zwischen die auslaut. Consonanten [*voc. Cons. liq.*

(+ Endg.)] eingeschoben. Die verschiedene Behandlung entspricht der geographischen Lage.

In unserm Texte ausschliesslich berg. bres. Art: *colem* 703 (berg. *culem* mail. *el colma*) *olem* 1346 (berg. *ulem* mail. *olma*) *salem* 1446 *intoren* 151 *caren* 768 *foren* 982 *coren* 1157 *veter* 125 (berg. *veter* mail. *venter*) *quater* 249 (gem. rom. **quattro*) *mader* 150 oder 1024 *poleder* 1107 *coyander* 1554 *pilter* 1605 *mister* 1030 *canester* 1087 *incoster* 1566 *aver* 67 *faver* 1579 *liber* 1696. — *compar* 1484 *comar* 1485 verkürzt wie im Ital.

Vlt. i = Kl. lt. ī.

I. Betontes i.

A. in offener Silbe stets erhalten: *marid* 4 *gengiva* 68 *vif* 160 *lesiva* 205 *spiga* 665 *mantil* 750 *vi* 805 *calizen* 846 u. a. *di* 246 (*diem*) *camisa* 383 *fi* 344 *di* 2019 (*dīkere*) mit gem. rom. ī; -īcem: *naris* 54 *raýs* 1269; Infin. -ire zu -*i*(*r*) vgl. *r*.

Ausnahmen: glera 1819 berg. *gler*(*a*) geht mit frz. *loir* tess. *gera* auf **glirem* zurück. — Die Diminutiv-Endg. -ino -ina gewöhnlich regelm. -i -ina: *fanti* 8 *luvi* 684 *pelesina* 158 *oregina* 1223 u. a.; daneben findet sich jedoch -e -ena. Die Trübung des i muss durch eine vor *n* eingetretene, im heutigen Dial. wieder aufgegebene Nasalirung, von der auch sonst Spuren vgl. *n*, hervorgerufen sein [1]). — meze 993 (**medi* + *inum*) bres. *mezé* mant. *mezzen*, pizena 136 piceni 1189 berg. *pissèn* Bon ves. *picen pizen*.

B. in geschlossener Silbe erhalten: *piza* 51 *miza* 279 (**mītius?* Wb. *mezzo*) *rich* 582 *scrinio* 728 *fritola* 796 *vignia* 1357 *liz* 1602 (*līceum*) *inguila* 1666. — Zu e durch I-Ablaut in *zey* 2024 neben *lili* 1258 (*līlium*) berg. bres. *zey*; Mon. ant. 122 *çijo*; Arch. gl. I 509 (friul.): „Sin-

---

1) Salvioni § 21, 22: brianz. *Carlèn Rosèn* neb. mail. *Carlī Rosī*. — Salvioni § 33: „nei secoli scorsi questo suffisso riflettavasi generalmente per -ènna; ancora oggidì „marenna" ciliegia amarina „mezenna" mezina. Del resto sempre per -inna."

vgl. W. Meyer Gr. § 33. — Tiraboschi, Vocab., p. 31: *V. S. Martino*: borlena, galena, matena ecc.

gular coppia di riflessi ha „lilio" l i l i *e* ž i; *il primo dei quali termini mantiene l'i dell'antico iato (-lio) nella schietta condizione di vocale laddove il secondo è l'esatta riproduzione di ğiljo, cioè della forma italiana."*

II. Unbetontes i.

A. im Anlaut gefallen in *rondena* 1836. — Präf. in-: *imbochar* 78 *insegnia* 139 *incoster* 1566 u. a.

B. im Inlaut a) vortonig erhalten als i: *animay* 50 *sinestra* 100 *spinal* 130 *circhá* 334 *panisel* 463 *meytad* 656 *disná* 830 (**dis(je)junare?*) *prestiner* 955 *crivelá* 967 *marinella* 1319 *plicer* 1593 *amisol* 1655 u. a. Stets im Hiatus: *piar* 76 (*pīliare) *campió* 576 *cortiá* 587 *vedriol* 690 *reficiá* 826 *fioz* 1488. — Häufiger ist Schwächung zu e: *gengiva* 68 *petenet* 138 *redesella* 154 *pelesina* 158 *lesiva* 205 *vedir* 328 *vegiá* 300 (*vig(i)lare*) *peverada* 757 *vedel* 770 *menestrá* 903 *sedella* 928 *arpegá* 1378 *segrestia* 1508 *mester* 1515 *artesá* 1516 u. a. Präf. dis-: *desnodada* 276 *deslogada* 277. — zu a: *vermasol* 391 *gradasella* 887 *ortasel* 1205 *lusarol* 602, also vor Diminut.-Endg., *arpegá* 1378; dann die bekannten: *sangiar* 782 *salvadga* 785 *salvadesina* 786 *balanza* 1576. — zu u vor Labialen: *lumedal* 621, 1897 *cruel* 692 (*cribellum-crivel-cru(v)el*) berg. *criel cröel.* — gefallen in: *cafdel* 119 *biguel* 127 [(*um)b(i)liculum*] *pegná* 190 (*pectinare*) *bretta* 211 *cusdura* 430 *disná* 832 *carbonçel* 860 *pesnaga* 1241 *visneza* 1409 *mester* 1515 *inchizneta* 1618 *drig* 1975 (*dīrēctum*) *vodá* 2047, 2094 (*vokitare) berg. bres. (*v*)*ödá* mail. *svoidá vojá* com. *vöidá.*

lat. ille als Artikel tritt in unserm Glossar ganz willkürlich in dreierlei Gestalt auf: el ol lo (vor Vokal l' zuweilen lo; Fem. la; Plur. für beide Geschl. li i). Bis Gl. 1680 steht in der weit überwiegenden Anzahl von Fällen *ol*, daneben *lo*, am seltensten *el*. Von 1680-Ende ist das Verhältniss umgekehrt, neben weit häufigerm *el* stehen *lo*, endlich *ol*. — Im Decal. und in der Pass. dasselbe Schwanken; im heut. Dial. *ol del dol.* — Bonv. Salv. Pass. *lo*; im jetzigen Mail. *el*, selten *ol* oder *lo*[1]). — *ille* als Pron.

---

1) Salv. § 115: „*Non so se* ol *per el fu mai detto da bocca*

Pers. 3. Pers. tritt als a l auf: *al fi messa = missatur* 1457 *el leynier quand ale brusad* 2105. — So auch Decal. Pass. Salve Reg. Salv. Pass., wo auch das entsprechd. Femininum alla. — Ebenso im heut. berg. — Nach *Salv.* § 114 läge hier keine lautl. Veränderung vor: „*L'al pron. proclit. di 3ª pers. sing. così frequente nel Prissian de Milan altro non è che el fuso con quel pronome di carattere indefinito che suona a, che è tanto commune nelle parlate lombarde e può venir preposto ad ogni altro pronome od anche star solo davanti al verbo.*"

b) nachtonig, s. unbet. *a*. — i erhalten halbgelehrt in den lat. Endg. -ium (*-eum*) - iem: *spaci* 251 *albio* 934 *marobi* 1230 *lili* 1258 *ceri* 1449 *garobi* 1641; *speci* 759 u. a. — gefallen in *us* 620 (*ostium*) *asenz* 1228 mail. *absenzi, luz* 1663. — Betr. -arium, zu -*er*(*i*) -*ari* -*era*, -erium zu -*er*(*i*) -*era*, -*orium* zu -*or* -*ora*, s. die betr. Tonvokale.

C. im Auslaut. Das Nom. Plur. -i ist noch meist erhalten, vgl. die Fem.-Endg. unter unbet. *c*. — Der durch dasselbe im Lomb., und vorzügl. im Mail., hervorgerufene Umlaut des Stammvokals liegt vielleicht bei piuri 303 (*sb. verb. v. plōrare*) vor, vgl. Pass. „*si grandi plur*"; *cirg* 1028 hat schon im Sing. *cirg* 1393; *capili* 1777 neben *cavel* 28 scheint eher ein Latinismus. — *denti* 76 u. ö. *i osey* 113 *li fianchi* 122 *soldadi* 542 *brazi* 561 berg. *i bras, segniori* 585 *li altri animali* 1793 *li bovi* 1733 *dei* 1825 neb. *deij* 1860. — Ausfall besds. nach Palatalen: *veg* 16 *og* 225 neb. *ogi* 1745, 1748 *oreg* 226 it. *orecchi* (jedoch *oregia* 49 berg. *i orege*!) *cirg* 1028; *porz* 1011 neb. *li porci* 1729 Sg. *porch* 154 und *homeng* (phon. *ñ*) 586 Decal. *homeni* Bonv. *omini omni* berg. *ómegn omègn* mail. com. *omen*, wo die Qualität des Schlusskonsonanten vom früheren -*i* zeugt; *oter* 93, 586 neb. *altri* 50, 1793, 1883.

Attraktion eines Hiatus-I in die vorausgehende Silbe, vgl. *verola perol veró* unter unbet. *a*. — Erzeugung eines i durch betontes *i* der Folgesilbe in *payli* 365 (wenn aus *patire*), vgl. t.

---

urbana, ma è oltre che nell'uso basso-brianteo anche in quello d'alcune parti dell' immediato suburbio."

O.
Betontes o.
I. Vlt. ǫ = kl. lt. ŏ.

A. in offener Silbe durch o wiedergegeben. — Hat man hierin reines ǫ oder den heute in Norditalien weitverbreiteten ö-Laut zu sehen? Wie im Altpiemont., vgl. Förster *Gall. Ital. Pred.* p. 59, im Altgenues. vgl. Röttgen, *Vokalismus des Agenues.* p. 40, wird auch in den altlomb. Texten der Laut in der Schrift ausschliesslich durch *o* bezeichnet. Dies liesse auf eine entsprechende Aussprache schliessen. Der Abstand zwischen dem ö-Laut und dem hart an's *u* streifenden Agen. und lomb. ǫ, vgl. ǫ, scheint in der That zu gross, als dass man nicht, nach dem Vorbilde anderer roman. Sprachen, den Versuch gemacht haben sollte, zu ihrer Bezeichnung verschiedene Zeichen zu wählen. — Flechia *Arch. gl. X* 145 nimmt für's Agen. *ö* an. — W. Meyer *Gr.* § 213 setzt für die Anfänge der Litteratur in Oberitalien, also für's XII. u. XIII. Jhrh. ǫ = ö an, weil bei späterer Entwicklung *o* aus *au* mitgegangen wäre[1]. — *omo* 1 *stomeg* 123 *cor* 146 *sola* 174 *zog* 562 *cofen* 740 *bo* 771 *cog* 843 (*cocus st. *coquus*) *fog* 850 *fo* 1044 *of* 1153 (gem. rom. *ŏvum) *rosa* 1252 *roda* 1389 *dole* 1934 *remover* 2058 u. a. — Auch *nod* 112 gehört hierher, da lomb. *nöd* wie ital. *nǫdo* auf *nŏdum zurückgehen. — -ŏlus zu -ol -ola.

B. in geschlossener Silbe: *dona* 1 *fronte* 35 *og* 38 *os* 62 *mol* 71 *col* 90 *gros* 107 *costa* 121 *dos* 132 *corp* 146 *foza* 214 (*fŏvea*)) *doya* 223 *orz* 661 (*ŏrdeum*) u. s. f. -ŏceum: *barboz* 87 *fioz* 1488. — ǫ zu u, phon. *ü*: *uso* 609 *us* 620 (*ŏstium*, gem. rom. umgelautet **ǫstium-***ustium) berg. *ös* bres. mail. *üs üssón* Bonv. *usgi* rätorom. *üs is*.

---

[1] Der Diphthong scheint jedoch auch sonst eigene Wege eingeschlagen zu haben. So entspricht im bergam. und in andern oberit. Mdt. dem lt. *au* sehr häufig der geschlossene ǫ-Laut.

II. v l t. ǫ = k l. l t. ō ŭ.

A. in offener Silbe durch o wiedergegeben, berg. meist zu u erhöht[1]). Das *o* unseres Textes wird daher auch dem *u* nahe stehen, woraus sich die häufige Erhöhung zu *u* in unbet. Silbe sowie gelegentliches Schwanken in der Schreibg. erklärt: *rǫ̆della* 526 *gǫ̆ma* 1569. — Andererseits soll aber auch ostlomb. (piemont. und genues.) *u* weniger geschlossen sein als tosk. *u* = lt. *ū*, vgl. *W. Meyer Gr.* § 120, sodass sich der Uebergang um so leichter vollziehen konnte. — *zoven* 13 *golla* 84 *vos* 306 *spos* 707 *flor* 961 *oder* 1024 *coma* 1135 *zof* 1158 (*jŭgum*) *col* 1184 (*cōlum*) *nos* 1301 *rover* 1335 *ascosi* 1753 u. a.; *to* 1718 (*tŭum*) *do* 247 (*dŭi); -ōnem: *bochó* 79 *polmó* 147 *rognió* 159 u. a. -orem: *umor* 162 *odor* 298 *segniori* 585 -osum: *luxorios* 1682 *tegniosa* 178 u. a. -orium: *chovertor* 464 *sgiesor* 983 (*ex-*clusorium*) *resora* 651 *cesora* 1809 u. a. — ō zu u: cum 882, 1011 u. ö. neben com 1070, 1533 (*quōmodo*); ŭ als u erhalten in der Präpos. cum 304, 310, sonst co.

B. in geschlossener Silbe zu o berg. ǫ od. u: *codga* 25 *volt* 39 *bocha* 61 *ongia* 113 *miola* 133 *intoren* 151 *lombel* 159 *dopla* 217 *sord* 344 *toser* 356 *ingosa* 368 *poz* 929 *foren* 982 *rocha* 1691 (it. *rǫcca*) *lonz* 2050 (*lǫnge) berg. *lǫns* Bonv. *lonze, azonzer* 2059 u. a.

lat. *ŭ* findet sich häufig als u, bsds. vor Nasalen: *unzer* 379 *untio* 381 *rotunda* 1908; *pung* 103; *columb* 725 *plumb* 1611 *chuchumer* 1248; ferner in *busla* 756 (v. *bŭxum*) *curta* 1925. — u scheint phon. *ü* zu sein, vgl. berg. com. *büsola* mail. *büssera* = *bossolo*; berg. *pögn pign* mail. *pügn*; berg. *cöcömer* mail. *cocümer*; berg. *cort cürt.*

ǫ zu a in franza 1766 (*fundia?) berg. *fionda*, doch in Grignano u. bei Assonica (17. jh.) *sfranza* mail. com. *sfronza*.

gr. o in *osma* 331 *osmament* 330 berg. com. mail. *usma*.

---

1) Tiraboschi, *Vocab.* p. 29: „*frequente mutamento dell' o stretta* in u, *specialmente nelle voci italiane terminanti* in one, ono, ore, ed oso. *Questo mutamento si fà più sensibile nelle valli, ed in particolar modo nella Val S. Martino, dove si pronuncia anche* Fund, Mund, Tund *ecc.*"

Unbetontes o (kl. lt. unbet. ŏōŭ).

A. im Anlaut Aphärese in *rechalg* 1610 (*orichalcum*).

B. im Inlaut *a*) **vortonig** als o erhalten: *moier* 5 *polmó* 147 *rotura* 195 *onguent* 380 *abotoná* 427 *noseta* 513 *soler* 648 *toaya* 749 *moyol* 753 *boý* 917 u. a.

Sehr häufig ist die Erhöhung zu u, vgl. *Salv.* § 128. Diesem *u* entspricht in heutigen lomb. Mdt. ein *ü*, sodass *u* phon. ü angenommen werden darf, in: *budel* 155 *suspirá* 314 *suspiz* 315 (*suspitium*! berg. *süspir* = sospiro; *süspis söspis* und *sŏspir* = nausea) *curaza* 502 *zugar* 561 *rustida* 894 *chuchumer* 1248; dieselbe Behandlung erfuhr sekundäres *o* in *uniz* 1328 (*alnitium*) *culcina* 633; in *cusir* 428 *cusdura* 430 *cusina* 842 *cugiá* 937 *cugiarera* 938 *fusina* 1625 weist auch das Ital. ein *u* auf. — Die heutigen Mdt. zeigen jedoch *o* od. *ö* (letzterer Laut kann sich freilich im nberg. aus *ü* (*ū*) entwickeln) in: *sbalurdida* 284 *abalurdí* 285 (gem. rom. *lordus* st. *luridus*) *giutó* 364 *rudella* 526 *cuminad* 802 (*combinatum*?) *rusum* 1153 (v. *russus* *russumen* Anbldg. an *albumen*; berg. *rossöm* u. *ros* „Dotter") *aguiad* 1161 *difficultat* 1828 *sumitá* 1858; auch hier darf man wohl *u* = *ü* annehmen. — Von dem Dasein dieses *ü*-Lauts legt unmittelbares Zeugniss ab die Weiterentwicklung zu i in: *chiniol* 1197 (*cuneólum*) berg. *chignöl* com. *cügnö*; *nizola* 1299 (*nŭceóla*). — zu a in den aus dem Ital. bekannten Fällen: *saldada* 265 *bambas* 391 (Wb. *bambagio*) neben etym. richtigerem *bombas* 390 *bŏmbas* 1524; *camamella* 1239. — Abschwächung zu e in *spero* 509 *bernaz* 890 (*prunatium*) *seror* 1716. — gefallen in *cag* 1173, jedoch mail. *quaǵá* i t. *cagliare quagliare, sangiar* 782 *foglá* 849.

b) **nachtonig**, s. unbet. *a*. — In *biguel* 127 [(*um*)-*b*(*i*)*liculum*] berg. *bigol*, doch in der V. Gandino: *bíguel bologn. bliguel* Schn. 243: *piguel*, ist das *u* wohl aus *propagginazione regressiva* zu erklären: *bicul-*bigvul-*bigvel-biguel*.

C. im Ausl. — Die Mask. Endg. -o fällt meist, im heutigen lomb. ausnahmslos. — Sie ist in unserm Texte mit Vorliebe erhalten nach Palatalen: *masgio* 2 *sbadagio* 65 *torgio* 197 neb. *torg* 1191; *calcagnio* 171 *scrinio*

728 *scagnio* 737; *scharchayo* 319 *goio* 1161 *morayo* 1218; *palasio* 583 *juditio* 1513 u. a. — Oft Schreibung desselben Wortes mit und ohne Schlussvokal, je nachdem sich der Verfasser mehr oder weniger gehen lässt und dem allgemeinen Zuge seiner Mdt. zur Abstossung ausltd. Vokale nachgibt. — Im letzten Theil des Gl. ist die Beibehaltung häufiger; hier auch *fiumo* 1839 *arboro* 1991, die entweder ihr *o* aus analog. Schreibung haben, oder die von Ascoli *Arch. gl. I* 307 (*-o* statt *-e* im Avenez. und Alomb.) angeführte Eigenthümlichkeit theilen.

V 1 t. u = k l. l t. ū.
Betontes u.

A. in offener Silbe bleibt u, phon. *ü*; neuberg. *ö*[1]), seltener *ü*; bres. mail. com. *ü*. — *caduch* 227 *dura* 251 *su* 301 *mur* 626 *cruda* 630 *festuga* 731 *fum* 855 *ludria* 940 *madura, maruda* 1063 *uva* 1075 *sambug* 1337 *ruzen* 1620 *segur* 1649 *luce* 1748 u. a. -utum: *stranud* 66 *veniuda* 252 - u r a: *centura* 469 *paura* 1859 -ulem: *mezul* 55 *cazul* 921 -umen: *lum* 44 *rusum* 1153; eigenthümlich hat sich lem entwickelt bres. *lim lem* mail. *lem* Bonves. *leme* emil. *lem*, (*le(g)umen-leüm-léüm-léem-lem*?)[2]). — Durch *ü* zu *i*: *rìcola* 1235 (v. *eruca*) *inchizen* 1617 (**incud(j)inem*).

B. in geschlossener Silbe *u*, phon. *ü*; neuberg. *ö* bres. mail. com. *ü*. — *put* 9 (gem. rom. **püttus*) *zuf* 23 (it. *ciuffo*) *brut* 52 (gem. rom. **brütlus*) *flux* 236 *gust* 335 *cruscha* 962 *muffa* 994 *bruscha* 1058 *frug* 1274 *brung* 1288 (**prüneum*) *luz* 1663; -ūceum: *canaruz* 86 *paiuz* 730. — z u o in: z o n g i a 1596 (*jūncta*) wohl beeinflusst durch berg. *zonz = jüngere*. — g o g i a 1634 geht auf *acücula* zurück, auch *it. agocchia* neb. *agucchia*.

---

1) W. Meyer *Gr.* § 55: „Der spontane Uebergang von *ü* zu *ö* ist weniger weit verbreitet und bisher nur in Frankreich nachgewiesen (Pik. Burg)." Im Bergam. ist dieser Uebergang Hauptregel: *pöt bröt cadöc sö föm lödria öa rösen öna lös göst fröt mesöl* u. s. f. — Oft Doppelformen mit *ö* u. *ü*.

2) Flechia *Arch. gl. II* 57 *n.* 2, stellt lem mit Wörtern zusammen, die zur Erklärung seiner Bildung Nichts beitragen.

Unbetontes u (lt. ū).

A. im Anlaut erhalten, phon *ü*.

B. im Inlaut: vortonig: *spluri* 26 *stranudá* 64 *lunella* 82 *brusola* 181 *sudari* 318 *zupó* 388 *fustá* 389 *luganga* 987 *purad* 1068 *lecturi* 1427 *lusel* 1627 *guzeza* 1805. — zu i: *bigarol* 425 (dtsch. *bûh?* Beitr. p. 36, Anm. 1) *pilizol* 1213 (**puliciolum*). — zu c: *sgiesor* 983 (*ex-*clusorium*). — zu o: *luxorios* 1682.

au.

A. betont zu o; berg. bres. *ọ* (*ǫ*): *pọc pọer ọca cọa cọssa fọ ciọs lọdola ciọt* — *tọr inciọster lọta*; westlomb. *ǫ*, doch *cọa cọva*. — *pocha* 346 *or* 418 *pover* 581 *ocha* 721 *tor* 773 *o* 1043 *cova* 1373 (*cau(d)a*) *incoster* 1566.

au über **al* zu *ol*, vgl. Salv. § 63 β; Beitr. 10; im Toskan. s. Hirsch, *Lautl. des Dial. von Siena*, p. 47; W. Meyer Gr. § 290. — *golta* 69 (*vlt. *gauta*) *oldí* 288 neb. *odí* 2098; auch in *cosa* 18, berg. mail. *cossa* Decal. Bonv. *cossa* zwingt die eingetretene Schärfung des *s* die Durchgangsstufen **calsa-*colsa-cossa* anzus., vgl. Salv. l. c., Muss. Bonves. 16, Anm. 2.

B. unbet. zu o: *oregia* 49 *osey* 113 *oveta* 208 *zoyel* 478 *oreng* 1292 (v. *laurus*, vgl. *ğ*). — zu u: *straudiment* 292 *ascusí* 296 (*kausjan*, Wb. *choisir*). — *au* erhalten in *audiment* 291 *laudar* 2003.

Konsonantismus.

Allgemeine Erscheinungen. — Die im Ital. erhaltene (lat. oder rom.) Doppel- und lange Konsonanz ist, wie in Oberitalien überhaupt, so auch im Bergamaskischen geschwunden. Im vorliegenden Glossar überwiegt demnach bei Weitem die einfache Schreibung über die nach lat. it. Vorbild angewandte Verdoppelung. Nur -ll-, so ausschliesslich in der Endg. -ella berg. -ela, wird mit Vorliebe in der Schrift beibehalten. Dass jedoch hierin kein lautlicher Grund zu suchen ist, zeigt einerseits das Schwanken in der Wiedergabe, andererseits unberechtigtes Setzen der Doppelkonson., wie in *golla* 84. — Bonves. schreibt durchweg -ll-.

Das Lombard. duldet im Auslaut nur stimmlosen Konsonanten. Das Glossar bewahrt jedoch, in Uebereinstimmung mit der Passion und dem Decal., ausltd. -d -g, entsprechd. lat. d g oder urspr. intervokal. -t-, -k-. Es könnte hier eine ältere Lautstufe vorliegen. Doch sprechen die abweichende Behandlung der Labialen, die im Auslaut stets zu *f* verschärft sind, sowie einiges Schwanken in der Wiedergabe, namentlich bei *t*, dafür, in der Beibehaltung der Medien eine blosse Schreibung zu sehen. So stellt auch das Mailänd. den längst zur tenuis erhärteten stimmh. Auslaut noch heutzutage durch -d -g -v dar, theils aus geschichtlichen Rücksichten, theils um die durch den Ausfall der Endg. eingetretene Ersatzdehnung des Tonvokals anzudeuten, vgl. *Salv.* p. 158.

Der in den spätern Ausführungen nachgewiesene Lautwerth der in Schreibung oder Aussprache vom ital. Brauche abweichenden Konsonanten ist der folgende:

Gutturale. *K*: ch, seltener c vor *a, o, u*; ch vor *e, i*;
   ausltd. -ch (-g). —
   g: g vor *a, o, u*; g vor *e, i*; ausltd. (-g). —
Palatale. *ć, ǵ*: gi- vor *a, o, u*; g-, seltener gi- vor *e, i*;
   ausltd. -g. —

sč: sgi- vor *a, o, u*; sg-, seltener sgi- vor *e, i*; ausltd. -sg. —
ñ : anltd. ni-; inltd. -gn-, -gni-, -ni-; ausltd. -ng. —

Sibilanten. *s*: stimml. s (*ss*); stimmh. s. —
ts: z (*zz*) und c (*ç*) vor *e, i*, einmal *x*; gelehrt auch ti-.
ds: z.

1.

I. im Anlaut erhalten, auch in lotó 1613 berg. *otú* it. *ottone*, doch mail. com. *loton*. — gefallen aus Verwechslung mit dem Artikel in aver 67 berg. *laer aer*, oreng 1292 (v. *laurus*); auch lumedal 621, 1897 ohne weiteren Artikel, sodass wohl *l'umedal* zu lescu, berg. *limidal*. — In zey 2024 Palatisirung des Anlauts wie im Ital. —

II. im Inlaut a) intervokal. meist erhalten. — zu r in: *canaruz* 86; *giavarina* 534 *giavarot* 535 gegenüber frz. *javelot* it. *giavelotto*; häufig in d. Salv. Pass.: *Maldarena* 12, 40 *vorenta* 22, 35 *soramente* 22, 35 u. a.; — zu n in: *menancolia* durch Assimilation, *pinola* 1543 gem. lomb. durch Dissimil. — fällt bei voc. + l(l) + Nom. I gem. lomb.: *animay* 50 *osey* 113 *testicoy* 143 *cavay* 1090 *fradey* 1714 *coy* (*cum* + Art.) 303, 309, 885 neben *coli* 302, 308, 312, *dey* häufig, neben *deli* 1198 *del* 1190; auch sonst zeigt sich *l* erhalten: *fioli* 1746 *capili* 1776 *animali* 1793 *oselli* 1855; dasselbe Schwanken im Decal. *castei, fradeli, fioi* u. *fioli, cavai, quai*; Pass. *discipoi*. — l + Hiatus-I (durch ī) zu j: *moiér* 5 *doya* 225 *intayad* 446 *bataya* 484 *roveya* 678 *payol* 697 *meyaca* 702 *goio* 1161 (*acŭleum*) *ayada* 1226 *foya* 1273 u. a. In den Auslt. getreten, erhält dieses *j* vokalische Geltung: *mey* 667 *soy* 946 *trefoy* 1211 *ay* 1225 *teray* 1994 *zey* 2024 *famey* 2080 *consey* 2116. — In *bullire* entwickelt sich nach Analogie der 1. Pers. Präs. *bullio* ein parasitisches — I: *bulljire mail. *büji, j + i* zu *i*: *boy* 917 Accent? berg. *bói boi bui*, boyment 1968 wogegen boyiment 1969 die ältere Lautstufe zeigt. —

Derselbe Vorgang anscheinend in moyeta 889 (*moll(is)* +
itta), doch findet sich hier auch das Simpl. *moja* = **moll(i)a*
it. *molla*, womit zu vgl. seya 97 = **axill(i)a* neben *osella*
2062 berg. *ascya sea sela* mail. *sella seja*, vgl. *Salv.*
§ 169b, 199. — i + j zu i in *fioz* 1488 *fiol* 1701 *fioli* 1746
berg. *fiós fiöl*. — l + Hiat. *I* bleiben erhalten in oli 984,
wo die Palatisirung beinahe gem. rom. unterbleibt, (vgl.
W. *Meyer Gr.* § 518); ferner in lili 1258 *evangelio* 1442
humilia 2069, gelehrte Bildg. — *l* intervok. gefallen in
basia 943 berg. *basia basla* (*bácila, von dem in Wb. *ba-
cino* oder wohl besser in lat. *batiola* enthaltenen St., vgl.
č) vgl. Caix *Etim. básia*; der Ausfall muss jüngern Da-
tums sein, da sonst Palatisirung eingetreten wäre, weshalb
auch das von Caix vorgeschlagene Etym.* *vasea* unmög-
lich ist[1].

b) Conson. + l. — (vgl. *Arch. gl.* I 301—304; *Salv.*
§ 202 ff.; *W. Meyer Gr.* § 423.) — cl in jeder Stellg. durch
g wiedergegeben (vor *a*, *o*, *u* = *gi-*, vor *e* = *ge gie*). Da
in den heutigen lomb. Mdt. die Gruppe *cl* im Anlt., Auslt.
und nach Conson. zu č (*cl - ki - kj - č*), intervok. zu -ğ- ge-
worden ist, muss obigem *g* auch dieser doppelte Lautwerth
zukommen. Im Decal., in d. Pass., bei Bonv. dieselbe
Schreibg. — cl anlautd. zu g-, phon. č-: *giaf* 105 *gieresia*
1474 *giereg* 1475 berg. *ciareg*; mit ital. Schreibg. chi-:
chiod 611 berg. *ciot*, *chiaf* 614 *chiara* 1059; *cl* erhalten
in *cloch* 511; zu gl in *glotó* 688, s. unbet. *e*; — inter-
vokal. zu -g-, phon. -ğ-: *oregia* 49 *sbadagiá* 63 *ogial* 74
cadigia 172 *lentigia* 184 *segia* 416 *magia* 503 *cugiá* 937
gogia 1634 *vegia* 2055; auch in *giesia* 1512 palatisirte *cl*
noch intervokal., denn berg. *gesia* mail. *gesa* mit ğ. —
Dies ğ hat sich dann wie lat. *ge gi* zu stimmh. z weiter
gebildet: *zesia* 1420. — zu (l̃) j: *vermeya* 808 *tenaya* 1615
= it. *vermiglio tenaglia*. -lat. -cc'l in *bocler* 521. — nach

---

1) Das Unterbleiben der Palatisirung bei einem schon im
14. Jh. mit Hiat.-I belegten Worte scheint immerhin merkwürdig.
Man könnte daher sich versucht fühlen *basia* u. *basla* getrennt zu
erklären. *basla* = *bacĭla; *basia* = *bacĭl(j)a* — *basija* — *basia* —
básia, vgl. *bosia* 1995 berg. bres. mant. *bósia* mail. *bosia* Schn.
bósia it. *bugia*, wo die Zurückziehung des Accents wohl auch der
Neuzeit angehört.

Conson. zu g, phon. č: *cisergia* 677 *cirg* 1029 *torg* 1191,
doch *cerchio* 1725; s c l zu sg, berg. *sč*, mail. *sč, sğ*, vgl.
Salv. § 202 *d, β*: *sgiavina* 409 *sgiesor* 983 *mesgiada* 1066
masgia 1342 *masg* 1343 *asgiarrí* 1876 [(*ab*) -*ex*- *clarire]
berg. mail. *sciarí.* — nach ital. Art: *schiavo* 1700 berg.
sciao, maschio 1707; *scl* erhalten: *sclareza* 1232. — auslautd. zu g, phon. *č*: *veg* 15 *og* 38 *zinog* 167 *piog* 188
oreg 226 *camag* 493 *it. camaglio.* — **gl**. meist zu g, phon.
ǧ wie im heut. berg. mail.: *giutó* 364 *giera* 635 *gianda*
1316 *giaza* 1570 (*glaciem*); *ongia* 113 *ṣangiar* 782 *cengia*
1130; *regiad* 947, in *vegiá* 377 *stregia* 1143 (*strĭgĭlem*) hatte
die Syncope statt, bevor *g* vor *i* palatisirte; *seng* 385
(*cingulum*) *cag* 1173 (*c(o)ag(u)lum*). — *gl* e rhalten in *glis*
640 *glera* 1819 *glandula* 1315 *muglá* 1162. — *gl* hat sich
zu cl erhärtet in *zocla* 1159 (*jungula) berg. (Verdello)
zocla, vgl. *Arch. gl. I* 303: „*jongola* (*Bormio*) *juncla giuncla zuncla* nei *dial. grigioni, veron. rust. doncola.*" — *gl*
verliert spurlos sein *l* in *trangot* 363 (*trans*-*gluttere) berg.
trangót trangotí neb. *inglotí ingiotí*, vgl. *Beitr. jotir.* — In
der Gruppe Labialis + l ist *l* bald e rhalte n bald zu i
vokalisirt, ohne dass weitere Palatisirung einträte. Dasselbe
Schwanken im Decal.; in der Pass. fast durchweg *l*. Im
heut. berg. bewahrt vorzügl. die V. Gandino die Gruppe
intakt. In andern alten nordit. Denkm. (Bonv., Bescape, Mon. ant., Beitr.) dieselbe Unsicherheit und scheint
die Erhaltung des *l* oft einfache Schreibg., vgl. *W. Meyer
Gr.* § 423. — **pl**: *piaga* 261 *pianzer* 370 *pié* 991 *piaza*
1411 *piombí* 1644 *spiurí* 192 (*prurire*-*plurire) neben *plaga*
1789 *planzer* 2022 *plena* 2072 *plazza* 1415 *plumb* 1611
splurj 26, 191 u. a. — *pl* zu l in *lota* 631, 1382 lomb
lọta, wenn v. *plautus? umbr. *plotus* it. *piota*, vgl. *Flech.
Arch. gl. II* 358—59; *W. Meyer Gr.* § 19. — in *astreg*
644 ist auch das *l*, aus Verwechslung mit dem Artikel,
gefallen. — **bl**: *bianch* 45 *biasar* 77 *sabió* 634 *biava* 647
biguel 127 [(*um*)*b*(*i*)*liculum*] neben *amblá* 1142 *blida* 1209
pobla 1327. — **fl**: *fianchi* 122 *refiadar* 355 *fiume* 1814 *fiat*
2030 neb. *flux* 236 *flavel* 695 *flama* 856 *flor* 961. — **tl** assimil. zu l: *spala* 92. —

c) l + Conson. *l* bleibt erhalten. Betr. *oter* 93
u. ö., vgl. *a; uniz* 1328, unbet. *a.* — In *cusí* 717 (Wb.

coltrice) bekannte Assimilation. — In cortel 760 scarpel 1643 *l* zu *r* wegen Dissimilation. — In basergó 1237 (*basiliconem) stammt *r* aus früher intervok. Stellg. — III. im Auslt. bleibt l. So noch im berg. bres., während bei Bonv. und im mail. *l* nach dem Tonvokal häufig fällt: *pil* 27 *mezul* 55 *cel* 80 *spinal* 130 *cul* 144 *mantil* 750 *cadenil* 847 *sal* 913 *sigel* 662 u. a. — In cugiá 937 liegt eher *cochlearem*, nicht *cochlealem = Bonv. *cugial* zu Grunde. — zu r: *dater* 1324 it. *dattero*. — zu n: *ceven* 1675 (*cephalum*). —

Metathese des *l* in *faliva* 852 *faliveta* 854; *moltó* 776 gem rom. —

m.

I. im Anlaut erhalten; auch in *milza* 148 *miza* 279 (Wb. *mezzo*), wo sich berg. *milsa mes* und mail. *nilza nizz* gegenüberstehen. — zu n in *naspel* 1311 (gem. rom. *nespilum); *nos noschana* 1551 *noschad* 1552 (v. *muscus*?).

II. im Inlaut *a*) intervokal. stets erhalten. — *b*) m + Conson. -mn- bleibt in *femna* 29, 31; assimil. in *donna* 1; nach Erzeugung eines parasit. I zu -ñ, vgl. *Salv.* § 173*a*: *scagnio* 737 *schaniel* 1426; -mnj- = ñ: *ognia* 246; -mt zu -nt: *senter* 622 *aconz* 1889; -mb- gewöhnlich erhalten; Assimilation zu m in *stramontá* 229 *stramontament* 228 (v. *strabus*-*strambus?), *cuminad* 802 (*combinatum*?); -mp- bleibt, jedoch *ranpi* 980 lomb. *rampi(n)*[1]); -mm- zu -mb-: *gambar* 1680 it. *gambero*. — *c*) Cons. + m. m bleibt.

III. im Auslaut stets erhalten: *lum* 44 *lem* 672 *colem* 703 *stram* 730 u. a. Auch *cum* 275, 372, doch *co* vor d. Artikel.

Entwicklung eines m vor Labialis, vgl. *Salv.* § 238: *gombet* 96[2]) (*cubitum*) *gambisa* 1160 berg. mail. *gambisa* (*capitia? vgl. Beitr. *gambuso* mail. *gambüs* = it. *capuccio*) *ramponci* 1245 (Wb. *raperonzo*) mail. *rampösgen*.

---

1) n statt m vor Labialen im Avenez., vgl. Tobler, *Dion. Cato, Ug. da Laodho*.

2) W. Meyer *Gr.* § 587: „mail. *gombet* (an *accumbere* angelehnt?)."

n.

I. im Anlaut erhalten. — *nioch* 798 (**nuc(u)lum*) it. *gnocco*, W. Meyer Gr. § 420 „wohl erst aus **nocchio* umgestellt"; Caix, *Saggi* etc. p. 27.

II. im Inlaut a) intervokal. bleibt *n*. — zu *l* in *plola* 1638; gefallen in *zeladia* 791 (*gelutina*), wo jedoch sicher ein Schreibfehler anzunehmen ist; zu ñ in *tegni* 295 aus Analogie zu den Formen, wo ñ regelm. Ergebniss aus *-nj-* ist. — b) ñ + Conson. *n* bleibt. — In *spos* 707 *payiso* 288 *arnis* 508 *prisa* 1537 *pis* 1829 *cusir* 428 fällt gem. rom. *n* vor *s*. — *mester* 1515 *mostrá* 1949 wie im Ital., doch *instrument* 2015. — Vor Labialen zu m: *imbochar* 78 *companadeg* 801 *impastú* 976 u. a. — n vor Dentalen. n ist einige Male vor Dentalen gefallen, eine im heutigen berg. sehr häufige Erscheinung. Man wird hierin die Wirkung einer bei *n* + Conson. eingetretenen Nasalirung, wobei nasales *n* zuletzt in den Nasalvokal aufging, zu sehen haben. In der heutigen Mdt. ist die Nasalirung völlig geschwunden; der Vokal ist wieder oral geworden, nachdem der die lautliche Aenderung verschuldende Conson. gefallen. Da jedoch im vorliegenden Glossar die Gruppe *n* + Conson. meist intakt bleibt, muss im Allgemeinen noch die Stufe: Nasalvokal + mehr oder weniger deutlichem nasalen *n* + Cons. angesetzt werden, eine Stufe, auf der sich das heutige Mail. noch befindet, vgl. *Salv*. § 243[1]).

veter 125 berg. bres. *veter* mail. *venter, artifitiosamet* 320 neb. *-ment* 636, *mufleta* 1001 berg. *möfiét* mail. *moffolent, sagramet* 1514 *-ment* 1513 berg. *sagramet, mateget* 868 (v. *mantica*) *soveter* 960 (**sequenter*, Arch. gl. I 89 n. 3: *suenter*, Schneller: *soventro*); *bedosch* 317 (v. ahd. *binda*) *bordonal* 888 (dtsch. *brant*) vgl. unbet. *a*; vor Gutturalis ist *n* geschwunden in *zocla* 1159 (*jungula*) vgl. *l*. — Decal. *zet, met, grade, quad*, Pass. *gra*. *Salv. Pass. vergoza* 5,21 *speraza* 13,1 *cotra* 10,9 *vedadolo*

---

1) Auf derselben Stufe stehen anscheinend die Reich. Gl., in denen auch ein Schwinden des *n* vor Conson. zu belegen ist. Der Copist, der das nasale *n* nicht mehr deutlich hörte, liess es auf eigene Faust weg.

10, 30 *naturalmete* 19, 11 u. a. — Meistens ist jedoch *n* erhalten, so in *dent* 72 *intra* 311 *dentro* 305 *forment* 659 *parent* 1708 *vento* 1919 *zent* 2061 *denanz* 21 *inanz* 303, wo es die heut. Mdt. eingebüsst hat.

n + j = ñ, geschr. inltd. *-gn-*, *-gni-*, *-ni-*, ausltd. *-ng*: *rognió* 159 *tegnia* 177 *veniuda* 252 neb. *advegnamento* 1742 *sgrafinia* 372 *ragnel* 462 *colmenia* 594 *scrinio* 728 *chiniol* 1197 *pomcodong* 1285 *brung* 1288 *liniola* 1654. — Schreibg. *-ni-* für ñ auch im Decal. Pass., bei Bonves.; auch für ñ aus *-gn-*: *coniosse*, vgl. *steniada* 818. — ñ im Auslt. ist gefallen in *fustá* 389 berg. *füstá* bres. mail. com. *füstagn*. —

c) Conson. + n. *n* bleibt. — gn zu ñ: *pung* 103 *insegnia* 139 *seng* 265 *leng* 732 *agniel* 774 *steniada* 818 *stang* 877 *legna* 2104 u. a.

III. im Auslaut. *a*) erhalten in lt. Proparoxytonis: *virgen* 7 *zoven* 13 *pechen* 189 *cisen* 723 *cofen* 740 *calizen* 846 *zagen* 1476 *semen* 1900 *moltituden* 2064 u. s. f., doch *servitude* 1867; in *homeny* 586 Palatisirung des *n* durch früheres Plur.-I. — *b*) erhalten in lt. Paroxytonis, wo nach dem Fall der Endg. zwischen die auslautende Doppelkonsonanz ein Stütz-*e* eintrat: *intoren* 151 *caren* 768 *foren* 982 *coren* 1157. — *c*) gefallen so oft *n* unmittelbar auf den Tonvokal folgt. Auch hier muss eine frühere Nasalirung, die sich noch im heutigen Mail. erhalten hat (vgl. *Salv.* § 245), Schuld an dem Schwinden des Endkonsonanten sein. In der Pass. und dem heutigen berg. ist der Abfall Regel, bei Bonv. ist *n* noch erhalten. *fanti* 8 *li* 392 *vi* 805; *polmó* 147 *posó* 1536 *resó* 1879; *ma* 98 u. ö. neben *man* 100, 101, *cortiá* 587 *gra* 666; *se* 415 *fe* 1094 *fre* 1121 *tre* 1361 u. a. — *n* erhalten in: *zardin* 1990 frz. Lehnwt.; *ven* 1814 (*venit*) *ben* 1934 (*bene*) neb. *te* 1913 (*tenet*), *non* 1746, 1748 *no* 909 *seno* 1749, *un* 1718, 1749, *in* 315, 374 u. ö.

Eintritt eines unorganischen n in *insuda* 260 v. *exire*, *ex-* zu *ins-* geschlagen, vgl. *W. Meyer Gr.* § 588. — *zenzervi* 1307 (*zizypherinum) mail. *zenzüi*; *anchona* 1422 Wb. *ancona*; in *frangia* 674 neb. *fray* 676 liegen *franctum fractum zu Grunde, it. *franto fratto*. — Betr. *oreng* 1292, vgl. *ğ*.

r.

I. Im Anlaut stets erhalten. — In *osmani* 1231 gem. lomb. *osmarí üsmarí* ging anltd. *r* dissimilirend zu *l* über, welches dann, für den Artikel gehalten, fiel. Es liegt wohl auch Anlehnung an l o m b. *osma üsma* vor, vgl. *cosa da osma* 331 = *odorus*.

II. im Inlaut *a*) intervokal. meist erhalten: *splurj* 26 *naris* 54 *sudari* 318 *giró* 420 u. a. Dann mit dem beliebten Wechsel zu n oder l: *cenevella* 194 mail. *šinivella, tenevella* 1642 mail. *tinivella* berg. *tenebla* = **terébra* oder **tereb(r)(u)la*; *meneschalch* 1585 *osmani* 1231; *palafre* 1089 *coyander* 1554 (*coriandrum-*coliander*) berg. *coriandol* mail. com. *colander, teray* 1994 (*terrarium-*terralium*) it. *terraglio -a*. — *b*) r + Conson. *r* bleibt. Gefallen in: *cirogia* 1541 (*chirurgia*) mail. *cerusia, sovestá* 2045, in *miniaga* 1283 zugleich mit anltd. *a*; *dos* 132 *su* 301 von gem. rom. **dŏssum sūsum*. — Zu l in *scalfaret* 443 (wenn dtsch. *skarf*? Schn. p. 177). — *c*) Conson. + r. *r* bleibt, Ausn. *splurj* 26 (*prurire*), wo Dissimil. eingetreten, *tenevella* 1642. — Für *dred* 22, 24 *arad* 1372 *balestera* 605 (wo *balestra* 510 mail. bres. *balestrera r* verlangen) *scaltuda* 1927 it. *scaltrito*, wo viell. *scaltrida* zu lesen ist, gilt die von *Salv*. § 208 für's Mail. aufgestellte Regel: „*r può cadere, tanto all' uscita che internamente, quando fa parte del gruppo muta + r, sopratutto poi quando la muta è t*."

III. im Auslaut ist (ausser bei den Infin., s. unten) *r* stets erhalten. So auch im berg., im Gegensatz zum Mail., wo ausltd. *r* in endungsbetonten Mehrsilbnern gefallen ist. Bei Bonves. ist es jedoch noch erhalten: *moiér* 5 *veter* 125 *cor* 151 *mur* 626 *marmor* 629 *pir* 1277 *altar* 1421 *segur* 1649 u. a. *-arium -erium -orium* zu *-er -or*; -arem: *sangiar* 782, doch *foglá* 849 *cugiá* 937, die ihr *r* wie die Infin. *-are* zu *-a* verlieren; mit Suffixvertauschung zu *-alem*: *ogial* 74 (*oc(u)larem*). — Gefallen ist *r* in *fo* 1044 neb. *fora* 1745.

Bei den Infin. auf -are -ire herrscht die grösste Willkür in Beibehaltung oder Abstossung des Schluss-*r*.

Es scheint hier die ältere und wohl noch für die gewähltere Aussprache gültige Form mit der gewöhnlichen Sprachweise im Kampfe zu liegen. Im ersten Theile des Glossars, wo die mundartlichen Erscheinungen unverhüllter wiedergegeben sind, treten auch die Infin. auf -*a*, -*i* ungleich häufiger auf. Das Verhältniss zu denen auf -*ar* -*ir* ist etwa 10:1. Von 1680-Ende werden die vollern Endungen zahlreicher. — Das Schwanken in der Gestaltung der Infin.-Endg. muss lange bestanden haben. Schon im Decal. zeigen sich neben häufigern -*ar*, -*ir* Infinitive ohne *r*. Die Pass. kennt nur die letztern. In der Salv. Pass. *Infin.* mit und ohne *r*. Bei Bonves. -*ar* -*ir*. — Im heutigen Lomb. ist *r* durchweg geschwunden.

Von Infin. auf -*ēre* findet sich nur *aver* 1952. Da die übrigen *Infin.* auf -*ēre* im Ostlomb. zu der 3. oder 4. *Conjug.* übergetreten sind, wird dies eine halbgelehrte Form sein, vgl. Decal. *avire abir* Pass. *avi* berg. *i = a(v)ir -ai -i*. — Bei den Infin. auf -*ĕre* fällt entweder die ganze Endg., und dies ist der gewöhnlichere Fall, oder sie endigen auf -*er*. So auch Decal. und Passion. Bei Bonves. und in der Salv. Pass. *beve receve mete* u. s. f. — Im heutigen berg. mail. ist die Endg. allgemein aufgegeben, im bres. dagegen noch häufig beibehalten.

-*are*: *piar* 76 *biasar* 77 *imbochar* 78 u. a. *mocha* 59 *stranuda* 64 *fa* 644 (*fa(ke)ere*), dazu *ol disnâ* 830 u. a. -*ire* (-*ēre*): *vedir* 328 *cusir* 428; *spluri* 26 *tegni* 295 *dormir* 298 *oldi* 324 *tasi* 338 *fi* 344 (*fi(e)re*) u. a. -*ĕre* (-*ēre*): *torzer* 294 *toser* 356 *unzer* 379 *vander* 969 *arder* 1916 *recever* 1963 *esser* 2046 u. a. *perponz* 429 *abat* 553 *aprend* 871 *ruz* 882 *cos* 891 u. a. — Unmittelbar nebeneinander *pianzer* 302, 303 *pianzer* 304, 305 *pianz* 306, 307; *meter* 365 *met* 916.

Unorganisches *r* in *balestra* 510 *giostra* 560 wie im Ital. — In *frosna* 1657 (*fuscina*) *franza* 1766 (**fundia?*), wo das Ital. Einschub eines *l* zeigt. —

Metathese des *r*: Cons. + voc. + r zu Cons. + r + voc.: *stranudá* 64 *stranud* 66 *bresagio* 519 *screma* 556 neb. *scarmi* 555 *trobia* 1060 (*turbida*) *vriz* 1688 neb. *virz* 1208; *roveya* 1659. — Cons. + r + voc. zu Cons. + voc. + r: *fersa* 242 (**frixa?* vgl. Beitr. 60: *fersura „frixorium"*) *forment* 659 *bordonal* 888 *bernaz* 890. — Ueberspringen des r aus einer Silbe in die andere: *preda* 628 *cadrega* 743 (*cathedra*) vgl. v, *prestiner* 955 *presti* 958 *zenzervi* 1307 (*zizypherinum - **zizefri(n)* - *zinzevri, vgl. Biond. *zinzavrein* Piac. e Lomb.) *lampreda* 1661; Platzwechsel mit einem andern Conson. in *ingioria* 1679 (*engraulem?* *engraulia-**englauria) *maruda* 1063 neb. *madura* 1063 lomb. *marut.* —

p.

I. im Anlaut erhalten: *put* 9 *pil* 27 *palpera* 41 *piar* 76 u. a. *presti* 958 *prad* 1362 *preved* 1458 *prof* 2051 u. a. — zu b, häufig bei anltd. pr-: *bernaz* 890 *brugn* 1288 *breda* 1360 (*praedium*; bres. *breda* = *podere*, vgl. Flech. Annot. *breo*) *brusad* 2105 *brina* 1762, vgl. *Arch. gl. I* 111, n. 4. — *bolsa* 1113 (Wb. *bolso*). — gefallen in *salteri* 1431 *salem* 1446. —

II. im Inlaut a) intervokal. zu v, welches in dem heutigen berg. gleich primärem *v* gefallen ist, vgl. v. — *cavel* 28 *chovertor* 464 *pover* 581 *navet* 680 *luvi* 684 *savi* 997 *rava* 1244 *veschef* 1469 *avi* 1900 u. a. — Dies sekundäre *v* kann wie lat. *v* sich zu g weiter entwickeln, vgl. Salv. § 274: *cigola* 1224 *legor* 1703 neb. *levor* 783, lomb. *legor*. — p erhalten in gelehrten Wörtern: *epatica* 234 *epistola* 1436 *manipol* 1463 *copia* 1869 *rapina* 2123; *capili* 1776 *populo* 1842 Latinismen neben *cavel* 28 *povol* 2063; auch *paper* 1561 ist nicht volksthümlich, mail. *palpé* lad. *palperi*; *tapé* 949 (gem. rom. *tapp-*); in *contrapis* 1577 *trepé* 886 blieb die tenuis wegen des Gefühls der Zusammensetzung. — zu b: *gabus* 1260 (Wb. *cabus*) *pobla* 1327 berg. *pobla* mail. *pobbia*, vgl. Salv. § 202 ae: „intervokal. *pl* wird im Mail. stets zu (-*bl-*)-*bj-*". — zu f in *cafdel* 119, vgl. *p* im Auslt. — gefallen: *co* 20 *sa* 998 (*sapit*) *rauz* 1242 (**rapa + utium?* vgl. com. *rausé* „rape dell'anno innanzi piantate per farle semenzire"). — b) p + Conson. -pr-: *cavriol* 784, 1088 *cavred* 1169 *cavra* 1170 neben *capret* 778 *capra* 780 *capri* 1732; *aprir* 1905 *proprio* 1981 *stupro* 2122. — -pt- assimilirt zu -t-: *rotura* 195 *batisem* 1481 *batezá* 1482, gelehrt *scriptor* 1632. — -ptj- zu -z-:

caza 1726 *descazur* 2008. — -pl- unter *l*. — c) Conson. + p. *p* erhalten: *palpera* 41 *scarpi* 437 *irpeg* 1369 *campio* 576 *impoleta* 1574 *crespia* 1073 *zespet* 1268 u. a. Jedoch *forvesina* 1630, 1811 *forves* 1633 berg. *forves forbes* it. *forbice*. —

III. im Auslaut. Nach Vokal zu f: *prof* 2051 *veschef* 1469; nach Conson. bleibt p: *camp* 1365 *corp* 1547 u. a.

b.

I. im Anlaut stets erhalten. — II. im Inlaut a) intervokal. zu v, das heute gleich primärem *v* gefallen ist, vgl. *v*. — *cervel* 33 *fevera* 245 *tavolaz* 526 *caval* 545 *travel* 596 *lova* 668 *fava* 673 *caneva* 1012 *trevis* 1092 *rover* 1335 *lavor* 1367 u. a. -abam: *usava* 1827 -ibam: *soliva* 686. — Dies *v* verschmolz mit vorausgehendem labialen Vokal in *cruel* 692 (*crib(r)ellum* - *crivel - **cruvel) berg. *cröel criel*, neben *crivelá* 967; es vokalisirte und bildete Diphth. nach *a* in *golta* 69, vgl. au; *olana* 1296 (*abellana* - **av'lana* - **aulana). — -b- erhalten in: *tabar* 408 *rubi* 483 *turibol* 1452 *libero* 1700 *habundant* 2070 *debuta* 2092, halbgelehrte Bildungen; *marobi* 1230 it. *marobbio*; nach Eintritt eines unorgan. m: *gombet* 96. — b) b + Conson. -br- zu -vr-: *avroden* 1229 *aver* 67; in *zenzer* 1534 ist *v* gefallen; *liber* 1696 *fabricador* 638 gelehrt. — -bl-, vgl. l. — -bt- zu -t- assimilirt: *sotzagen* 1477 *sotmet* 1985. — -bs- zu -s-: *sosta* 848 *asenz* 1228 *ascosi* 1753. — c) Conson. + b. *b* intakt: *vidalba* 1263 *albara* 1327 *lombel* 159 *forbir* 281 *trobia* 1060 u. a. -mb- zu m assimil., vgl. m. —

III. im Auslaut. Nach Vokal zu f: *bif* 2096, doch *cib* 766; nach Conson. *columb* 725 *plumb* 1611 *barb* 1671. —

b entwickelt sich bei lat. Doppel-*m* aus dem zweiten m in *gambar* 1680 it. *gambero*. —

v.

Häufiger, von satzphonetischen Gründen abhängiger Ausfall eines anltd. *v*, und regelmässiges Schwinden des primären sowie sekundären *v* in intervokal. Stellg. sind der heutigen bergam. Mdt. eigenthümlich und geben ihr eine Sonderstellung unter den lomb. Dial., vgl. *W. Meyer Gr.* § 621. — In unserm Texte ist *v* noch stets erhalten, wie auch im Decal. und in der Pass. — Aus den von Biondelli Rosa und Tiraboschi mitgetheilten Sprachproben scheint hervorzugehen, dass der Schwund des *v* erst im Laufe dieses Jhrh. Regel wurde. —

I. im Anlaut: *virgen* 7 *veg* 15 *volt* 39 *vena* 85 *veter* 125 *vif* 160 *vertes* 196 *verola* 241 *vi* 805 *vend* 912 *vid* 1078 u. a. — Erhärtung zu g in *garobi* 1641 (*verubium) mail. *carobi*, vgl. *Salv.* § 352; com. *sgarobi* neb. *verobi*. — zu f in *froscha* 36 it. *frasca*. — gem. rom. wie germ. *w* behdlt. in *guayna* 763. —

II. im Inlaut a) intervokal.: *zoven* 13 *gengiva* 68 *chava* 102 *lesiva* 205 *sgiavina* 409 *stival* 454 *roveya* 678 *faliva* 852 *uva* 1075 *stiva* 1373 *remover* 2058 u. a. *v* verschmilzt zuweilen mit vorausgehendem oder folgendem labialen Vokal, vgl. *cruel* 692: toaya 749 berg. com. *toaja* mail. *tovaja*, oder sollte sich hier das germ. Etym. ohne Eintritt eines Hiatustilgd. *v* erhalten haben? gatiulá (aus *gativolá*) 374. — In cadigia 172 neb. *cavigia* 1770 berg. *caegia* mail. *caviggia* scheint jedoch -*v*- ausnahmsweise gefallen und Hiatustilgd. *d* eingetreten zu sein. Letzteres ist häufig im Mail., vgl. *Salv.* § 436. — In citad 1403 hat sich *v* dem *t* assimilirt. — Erhärtung des *v* zu b vor Hiatus-*I*, nach *l* (und *r*), vgl. Beitr. p. 17, *Salv.* § 272: *albio* 934 (*alveum*) berg. *albe a(l)biol;* *colobia* 933 *scolobia* 1179 (wenn *colluvies*, Flech. Arch. gl. *III* 131; *Salv.* § 128); doch ist *v* beibehalten in *salvia* 1217 berg. *salvia* u. *salbia*; *malva* 1256 mail. *malba* Beitr. *malba*, neben *malbavisg* 1257; *malvasia* 809 *salvadeg* 1149; *servi* 2044 *servicial* 1920. — Eine doppelte Entwicklung hat lt. fovea genommen: foza 214 entspr. it. *foggia*[1]), berg. *fosa*; und fopa 844 (-*vj-bj-pj-p*; vgl. Arch. gl. *I* 414 *n.*, *V* 344 *n.*) gem. lomb. — Erhärtung zu g, häufig im Mail., vgl. *Salv.*

---

1) *W. Meyer Gr.* § 503: it. *foggia* ist postverbal zu *foggiare* = *foveare.

274, in *boyu* 450 gem. lomb. Doch könnte das *y* auch ursprünglich sein, Wb. *bova* = germ. *bougâ* mlt. *bauca*. —

III. im Auslaut zu f: *giaf* 105 *chiaf* 614 *vif* 160 *of* 1153 *naf* 1785; für *bo* 771 it. *bue* ist ein Etym. *bos* *boem anzus., vgl. W. Meyer Gr. § 279. —

v zur Hiatustilgung eingeschoben, vgl. *Salv.* § 278: *cova* 1373 (*cauda-*co(d)a*) berg. *cöa* mail. *coa cova*; *flavel* 695 (*flagellum*) vgl. *ğ*, *cadrega* 743, wenn mit *Salv.* § 274 die Entwicklung *cathedra-*catre(d)a-*cadreva-cadrega* anzunehmen ist; vgl. Beitr. *cariega*; *W. Meyer Gr.* 494 sonderbarer Weise für Einmischung von nicht romanischem *quadriga*. Die Verwendung von *v* zur Hiatustilgung bei nicht labialen Vokalen ist eigenthümlich. W. Meyer, Gr. § 381 sieht darin Analogiebildungen. — Das Hiatus-*v* kann sich zu g erhärten, wie schon in *cadrega* der Fall war: *ruga* 1234 (*ru(t)a-*ruva*) berg. nebeneinander *erba rǫda* u. *erba rüga*, mail. com. *rüga*.

f (ph).

I. im Anlaut stets erhalten: *faza* 37 *fel* 156 *fava* 674 *foya* 1273 u. a. *flama* 856 *fronte* 35 *fre* 1112. —

II. im Inlaut geblieben: *cofen* 740 *sofrá* 758 *garofel* 1550 *delfi* 1677; *saphir* 481. — zu v in *zenzervi* 1307, mail. *zenzüï*, vgl. *Salv.* § 286; *çeven* 1675 (*cephalum*) mail. mant. *zevol* mir. *zivol*. — In *ravanel* 1246 (*raphanum*) Anlehng. an *rapa*, it. *ravano*. —

III. im Auslaut erhalten: *alef* 789.

w.

Geht den gewöhnlichen Weg zu gu: *guerz* 350 *guarda* 350 *guant* 458 *guarnerj* 950 *guada* 1653 u. a.

c
vor *a o u au* guttural.

I. im Anlaut erhalten: *cosa* 18 *cho* 20 *codga* 25 *cavel* 28 *col* 90 *cor* 146 *chiniol* 1197 u. a. *chitara* 1778;

scud 520 *scorza* 685; germ. *k: schena* 170. — Schwächung[1]) zu g in: *gombet* 96 it. *gomito, gativol* 377 (*catticulum*, vgl. *Flech. Arch. gl. II* 321—323) berg. *gatigol*, bei Assonica († 1676): *catigol; garzá* 400 *garzó* 401 *garzadura* 402 *garzol* 1079 (v. *carduus-*cardeus?* Wb. *I garzone*); *gabus* 1260 (Wb. *cabus*) *garofel* 1550 *gambar* 1680. — In *goio* 1161 *gogia* 1634 *guzeza* 1805 stammt *g* aus der früher intervokal. Stellg. — Anltd. cr schwächt sich gem. rom. leicht zu gr: *grop* 84 *gratar* 193 *grad* 1195 *grasa* 2071 wie im Ital., jedoch *cropa* 1134 *cropera* 1126, wie frz. *groupe* neb. *croupe*, berg. *cropera* u. *gropera*. —

II. im Inlaut a) intervokal. zu g geschwächt: *cega* 348 *fregá* 378 *braga* 384 *zugar* 561 *spiga* 665 *sigez* 705 *pertega* 739 *zagen* 1476 *segur* 1649 u. a. In *codga* 25 *nadga* 145 *voladga* 187 *melga* 669 *foglá* 849 *basergó* 1237 *rasga* 1637 trat Schwächung vor der Synkope ein. — *c* erhalten in *sicel* 662 (Schreibg. *sichel* zu erwarten, daher wohl *sigel* zu lesen) berg. *síghel* bres. *séghel*; micha 970 ricola 1235 lomb., chuchumer 1248 berg. *cöcömer* entspr. it. *mica ruca cocomero*. — Gelehrt sind *testicol* 142 *fabricador* 638 *rechalg* 1610 *sacrificar* 1972 u. a., *piricada* 1557 neb. *perzegada* 1556. — In *brasca* 1760 *chavalchá* 546 frühe Synkope. — Eine mit Ausn. des Frz. gem. rom. Erscheinung ist die Erhaltung der tenuis durch den Diphth. au: *pocha* 311 *ocha* 721. — In der Gruppe -*cr*- wird *c* wie intervokal. behandelt: *lagrimi* 370 *alegra* 1935 *sagro* 183 *segrestia* 1508 *segrá* 1510 neben gelehrtem *sacrificar* 1972. — In *gativol* 377 *gatiulá* 374 ist entweder *c* zu *v* geworden durch *propagginazione regressiva* (-*gu*-, -*gvu*-, -*vu*-) oder die Gutturalis ist gefallen und Hiatustilgd. *v* eingetreten. — *c* wäre intervokal. gefallen in piar 76 (*piar coy denti=mordeo*), wenn mit Salv. § 319 als Etym. *picare* anzusetzen ist. Doch gehört es wohl zu *pigliare*, oder ist wenigstens mit diesem Zeitwort in der Form zusammengefallen. Im heutigen berg. bres. *piá* nur „beissen", Decal. Bressano (1574) jedoch „nehmen", mail. com. in beiden Bedeutungen. — vodá 2047, 2094

---

1) Reste einer alten Satzphonetik, wie in *grasso, gamba* u. s. f.

W. F.

(*vokitare -*kj*- -*ji*- *voidare*, vgl. unbet. *i*). — b) Conson+c. c stets erhalten. — c) c + Conson. -cl-, unter *l*; -cr-, s. oben; -ct- meist zu g phon. č, wie im heutigen Lomb.: *lagiet* 153 (*lact*(*is*) + *ittum*) *fagior* 639 *frangia* 674 *legiera* 709 *cogia* 892 *pongia* 1056 *pegioral* 1125 *lagiuga* 1219 *zongia* 1596 *afigiá* 2078, in den Auslt. getreten: *peg* 115 *lag* 416 *leg* 554 *trag* 575 *teg* 593 *confeg* 824 *frug* 1274 *fag* 1517 *drig* 1975. — Neben dieser spez. lombard. Behandlung der Gruppe -*kt*, findet sich jedoch auch häufig die (ital. venez. emilian.) Assimil. zu *t*(*t*)[1]: *indrita* 99 *petenet* 138 *fata* 261 *piant* 309 *perpontura* 431 *centura* 469 *coltra* 714 *fritola* 796 *streta* 1686 *fruto* 1759 *vendeta* 1808 *aspetá* 1934 *puntura* 1946. — In troyta 1659 läge -*kt*- zu -*it*- vor, berg. *tröta* bres. *trüita* mail. com. *trüita*, vgl. *Arch. gl. I* 265; *Salv.* § 328 bβ. — Doch ist vielleicht, wie für das gleichfalls unregelm. i t. *trota*, statt *tructa* das gr. τρωχτης als Etym. anzus., vgl. *W. Meyer Gr.* § 16. — Merkwürdig ist pechen 189, 404 neben *peten* 1774 *petenet* 138 mit dem im Roman. ganz ungewöhnlichen Wandel von -*ct*- zu k; berg. *peten*, doch in der Valle S. Martino: *pèchen*, in der V. Gandino: *pechèn pecnina*; bres. mail. *petten pečen*. — Ebenso pegná 190 berg. *petená*, S. Martino: *pechená*, V. Gandino: *pecná*. — *ct* erhalten in gelehrten Formen: *lecturi* 1427 *sancti* 1753 *victoria* 1772. — -*ctj*- zu -*g*- phon. č, in *pongiá* 1056 (*punctiare); *untio* 381 gelehrt. —

III. im Auslaut a) nach Vokal zu -g, so auch im Decal., berg. -*c*: *zog* 562 *fog* 850 *log* 912 *fig* 1304 *sambug* 1337 *drag* 1667; *stomeg* 123 *porteg* 742 *maneg* 815 *medeg* 1539 *arsinig* 1571 u. a., jedoch *caduch* 227; in *cloch* 511 *stoch* 532 etym. -*cc*. — b) nach Conson. erhalten: *bianch* 45 *porch* 154 *bosch* 1351 *solch* 1960, jedoch *rechalg* 1610 *malbavisg* 1257. —

---

1) *W. Meyer Gr.* § 461: „Von der Emilia dringt *t* statt č gegen Pavia und bis Cremona und Brescia hin."

c
vor *e, i* palatal.

Die als spez. lombard. anzusetzende Entwicklung der Gutturalis vor *e, i*, ist: (*kj*)-(*tj*)-*ts*, und mit Aufgabe des Verschlusses stimml. *s*, intervokal. (-*ds*-)[1]) stimmh. *s*. — Dementsprechend steht im heutigen berg. im Anlaut und nach Conson. stimml. *s*, intervokal. stimmh. *s* und vor Hiatus-I, wo im Ital. -*čč*-, stimml. *s*. — Nur die V. Gandino u. V. Martino schlagen häufig den rätisch (ital.) Weg zu *č, š*, ein. — Im Mail., wo sich anscheinend willkürlich im Anlaut *č, š, z, s*, intervokal. *ž* u. *s*, gelehrt auch *z* finden, vgl. *Salv.* § 329—343, muss die regelrechte Entwicklung durch fremden Einfluss vielfach gestört worden sein[2]). Hierauf weisen wohl schon die verschiedenen Schreibungen bei Bonvesin hin. — Was unser Glossar anbelangt, so steht es auf dem heutigen berg. Standpunkt. Es findet sich anlautend, nach Consonanz und an Stelle des it. -*čč*- die Schreibg. *c* (*z*), intervok. *s*. — So auch Decal. Pass. — Desgleichen in der comaskischen Passion, wo intervok. meist *x* steht, doch *piasevre* 5, 23 *despiase* 10, 28 neben *despiaza* 14, 33. —

Dafür dass *c* und *z* denselben Lautwerth haben, spricht zunächst die einheitliche Entwicklung des palatalen *c* zu *s* in intervok. Stellung und in der heutigen Mdt. Ferner finden sich die Schreibungen *spacio* 1888 *spatio* 1871 *juditio* 1513 *iusticia* 1912 *servicial* 1920, wo *c* nur einen *ts*-Laut oder ein stimml. *s* bezeichnen kann, vgl. *t + j*. — Auch wechseln zuweilen *c* oder *z* in demselben Worte: *pizena* 136 *piceni* 1189 *porz* 1011 *porci* 1729 *folz* 1397

---

1) Auch im aspan. hat sich *c + e, i* intervokal. zu -*ds*- entwickelt, vgl. *W. Meyer Gr.* § 441.

2) Lenz: „Zur Physiologie und Geschichte der Palatalen" (*Bonner Diss.*, S. 32). „Ob eine Sprache *tj* zu *č* oder *ts* weiterentwickelt, hängt jedenfalls von bestimmten Bedingungen ab; wir finden zu derselben Zeit in derselben Gegend immer nur einen von beiden Lautwandlungen und vorläufig ist noch nicht nachgewiesen, dass *č* und *ts* direkt verwandt sind."

folcí 1398; die Aenderungen *pan*$\overset{c}{z}$*era* 501 *rampon*$\overset{ci}{z}$*i* 1245, die gelegentliche Setzung einer Cedille *çeven* 1675 *carbonçel* 860 *casonçel* 797 woneben *casonzel* 794, können bloss graphische Spielereien sein. —

c und *z* stehen auf der Stufe *ts*[1]), da sich sonst Schreibungen mit *s* finden müssten. Die einzigen Beispiele hierfür wären $\overset{a?}{seng}$ 385, wenn *cingulum*, sowie *vermasol* 391 *amisol* 1655 neben *pilizol* 1213. Die Fortbildung des *ts* zu stimml. *s* hat jedenfalls zuerst intervokal. stattgefunden; dies beweisen die Vertreter des palat. *g* in der heutigen Mdt., vgl. *g*, sowie die Entwicklung des *z* aus *t + j*, vgl. *t*. *vermasol* und *amisol* mögen daher schon weiter vorgerückt sein.

I. im Anlaut meist *c* geschr., berg. stimml. *s*: *cervel* 33 *cing* 40 *cel* 80 *cender* 206 *circhá* 334 *cega* 348 *cimá* 397 *cep* 451 *centura* 469 *cimosa* 470 *civera* 1025 *cirg* 1028 *cigola* 1224 u. a. — Schreibg. *x* in *xing* 2081. — *z* in *zayna* 753 *zespet* 1268 *zuf* 23 (*ciuffo*) *zoch* 734 (*ciocco*). — Einmal *s*: *seng* 385 neb. *cengia* 1130.

II. im Inlaut a) intervokal. zu *s*, berg. stimmh. *s*: *tási* 338 *cusir* 428 *noseta* 513 *lusarol* 602 (**lucirolum*) *sedesi* 655 *ciser* 675 *cisen* 723 *asit* 1061 *trosa* 1081 *visneza* 1409 *cisendel* 1455 *medesina* 1537 *fusina* 1625 *fasela* 1831 (v. *facem*); *redesella* 154 *panisel* 463 *pelesina* 158 *forvesina* 1630; *osey* 113 regelrecht von **aucelli*, gegenüber it. *uccello*[2]). — zu *z*, seltener *c* geschr., vor Hiatus-I und wo das Ital. -*čč*- aufweist; berg. stimml. *s*: *faza* 37 *pizena* 136 *treza* 201 *pelliza* 457 *scharamuzza* 489 *brazal* 498 *vezza* 683 *plumazol* 716 *azali* 870 *bozzola* 1017 *vinaza* 1082 *nizola* 1299 *giaza* 1570 *aza* 1649 *caza* 1726; *plizer* 1593 it. *pellicciajo*, *frici* 1722 bres. *friza* it. *freccia*; *bacinet* 492 *bacila* 820 *bacil* 821 berg. *bassila* u. s. f., gehen auf einen St. **bacc*- zurück, vgl. *Gröb. W. Arch. I* 247; *basia* 943 setzt dagegen

---

1) Dieser Lautwerth des *c* (*ts* vor *e, i*; *k* vor *a, o, u*) zwang den Schreiber *č* (aus *cl, ct*) durch das Zeichen für den nächstverwandten Laut *ǧ* wiederzugeben.

2) Nach d'Ovidio *Gröb. Grdr.* p. 531 wäre *uccello* (ait. *ugello*) Wörtern mit starkem Nebenton wie *còrticéllo* angeglichen worden.

einfaches *c* voraus, vgl. unter *l*. — *c* findet sich ferner in einigen halbgelehrten Wörtern, wo das Ital. trotz Hiatus-I einfaches *ć* aufweist: *speci* 759 *spicier* 1528 *reficiá* 827 *officio* 1471 *hedifici* 1990, dann in *recever* 1963, übereinstimmend mit berg. *spessie refissiá öfesse risseff.* — it. -icciuolo: *pelizol* 1213, jedoch *vermasol* 391 *amisol* 1655. — *licita* 1833 *sacerdot* 2001 gelehrte Formen.

b) nach Conson. zu z und c: *marza* 182 *torzer* 294 *colza* 435 *dolzo* 989 *balanza* 1901 *franzos* 1999; *forcella* 124 *culvina* 633 *colcedra* 718 *sorcel* 733 *ronci* 1100 *porcil* 2124.

III. im Auslaut dieselbe Entwicklung wie im Inlaut: *vos* 306 *cos* 893 *nos* 1301; *luce* 1748 gelehrte Schreibg.; *fez* 1054 entspr. it. *feccia* brcs. *fesa*; -īcem: *naris* 54 *trevis* 1092 u. a. — -īcem: *vertes* 196 *sales* 1326 *lares* 1329 u. a. — poleg 610 irpeg 1369 berg. *pólec, érpec*; Beitr. 18: *erpego*; ähnliche Formen im crem. reg. piac. parm. mant. mir. V. Tell u. s. f., doch mail. *érpes pólez*. — Es liegt hier kein einfacher Deklinationswechsel vor, da ein solcher vor der Palatisirung des *c* eingetreten sein müsste, sondern analog. Uebernahme der ganzen Endg. der zahlreichen Subst. auf *-icum*. Bei *irpeg* mag auch Beeinflussung durch *irpicare* angenommen werden: *arpegá* 1378 berg. *arpegá erpegá*. — -aceum: *braz* 94 *bernaz* 890 u. a. -oceum: *barboz* 87 *fioz* 1488. -uceum: *canaruz* 86 *luz* 1663 -icium: *uniz* 1328 *riz* 1338.

sc + e, i = ss, s (so auch *Decal., Pass., Salv. Pass.*) berg. stimml. *s*, V. Gandino u. S. Martino wiederum it. Weise: *š*: *fassa* 461 *vasel* 1018 *fasera* 1181 *erbosel* 1350 *pes* 1651 *frosna* 1657 *acreser* 1987 *punis* 2118; *ganassa* 70 *ganasal* 75 = it. *ganascia, cusi* 717 = *it cuscino*; in *sugamá* 752 kann einf. **sucare* vorliegen; *rincresciment* 1861 *nasce* 1989 gelehrte Schreibg.

g

vor *a, o, u, au* guttural.

I. im Anlaut stets erhalten; *zoyel* 478 *zardin* 1990 sind, wie die entspr. ital., frz. Lehnwörter. — germ. g: *geda* 419 *giró* 420.

II. im Inlaut a) intervokal. erhalten: *piaga* 261 *regazo* 550 *interogar* 1903 *ligar* 2007 u. a. — gefallen vor *u*: lem 672 (*legumen*) vgl. *ū*; fo 1333 (*fagum*); auf dem Wege der *propagginazione regressiva*: zof 1158 (*jugum-*jugvo-*juvo*; nach *Salv.* § 355: *ju(g)o-juvo* mit Hiatustilgd. *v*). Den letzten Theil der von Ascoli vorgeschlagenen Entwicklung hat delef 897 = *sagimen* (= it. *saime*) genommen. Es gehört zu Wb. *dileguare*: **dileguum-**dilegvo-dilev*. Im bres. finden sich neben *deleguá* „*struggere*" delegu u. delegv' „*strutto*", also die gewünschten Mittelformen. Erstere gab berg. *deléc*[1]) mant. *dlec dleg*. — *b*) g + Conson. -gr- *agrest* 1064 *pigra* 1928; -gm- *flegma* 164 *somer* 1104; -gn- zu *ñ*, vgl. *n*; -gu-: *lingua* 81 *onguent* 380 *inguila* 1666 *sang* 160. — *c*) Conson. + g: *ingosa* 368 *stringa* 387 *mergó* 927 u. a. Verhärtung zu k in *zocla* 1159 (*jung(u)la*), vgl. *n*.

III. im Auslaut ist g erhalten: *borg* 1404 *long* 1531 *areng* 1664.

g

vor *e*, *i* palatal.

Der Entwicklung von palatalem *c* geht diejenige von *g* zur Seite. Der im berg. eingeschlagene Weg ist daher: (*gj*)- (*dj*)- ds- stimmh. s. Die heutige Mdt. zeigt dementsprechend im Anlaut und nach Conson. *z*, intervokal. (auch vor Hiatus-I, it. -ǧǧ-) ein *s*[2]). — Daneben tritt vereinzelt und wohl nur in Lehnwörtern aus der Schriftsprache ital. Behandlung auf. In der V. Martino und V. Gandino auch hier rätisch-ital. Weise. — Im Mail. ist nach *Salv.* § 361: *anche pei riflessi di ǧ lo stesso caos che per quelli di č*. — Im Glossar, im Decal. und der Pass.,

---

1) Rosa: „*délèc Bres. -grasso perpetuo, forse dal lat. delectus -scelto*" (!).

2) Palat. *g* hat sich also im Anlt. und nach Conson. weniger weit entwickelt als *c*, welches zu *s* geworden ist. Vor Hiatus-I hat dagegen -*ds*- ebenso wie -*ts*- den Verschlusslaut aufgegeben. Es wird sich daher auch -*ts*- im Anlaut und nach Conson. länger als in intervok. Stellg. gehalten haben.

sowie auch in der Salv. Pass. stimmt die Entwicklung mit der des heutigen Dial. überein, nur ist vor Hiatus-I noch die ältere Stufe *ds*- (*z*) bewahrt.

I. im Anlaut: *zinog* 167 *zupó* 388 *zach* 388 *zeladia* 791 *zena* 1036 *zenzer* 1534 *zermú* 1713 *zent* 1806 *zentilisia* 1945. — Doch *gengiva* 68 berg. *zenzia* V. G. *gengia*, Salv. Pass. *zenzive* 5, 28 und die frz. Lehnwt. *giavarot* 535 *giavarina* 534.

II. im Inlaut *a*) intervokal. Für it. einfaches -ǧ- nur ein Beisp.: *friso* 1783 berg. *fris* it. *fregio*, *fresada* 713; *progenie* 1757 gelehrt. — it. -ǧǧ-: *foza* 214 *coreza* 468 *teza* 579 (*attegia*) *calizen* 846 *veza* 1015 *sclareza* 1232 *ruzen* 1620 *fuzer* 2009.

Eine ganz andere Behandlung erfährt palat. g vor dem Tonvokal. Es ist hier, wie meist im Ital., gefallen und muss dieses Schwinden noch vor dem Wandel *dj* zu *ds* eingetreten sein. Wenn sich an der Stelle des frühern *g* zuweilen ein *j* findet, wird hierin ein späteres Hiatustilgd. -*j*- (häufig im Mail., vgl. *Salv.* § 366) nicht eine lautl. Fortbildung von -ǧ- zu sehen sein, da eine solche eine Sibilanz ergeben hätte (vgl. dagegen *Salv.* §. 366). — *seyta* 516 berg. bres. *sèita* mail. *saetta sajetta* Beitr. *sita**; *mister* Pass. *meyster* mail. *maister macster majester*; *payiso* 323 berg. *país paisú* mail. *paés pajés*. — Gleicher Ausfall der Palatalis in *maistad* 1422 *meytad* 656. — Vielleicht auch in *aier* = *comoditas* 1890, wenn in dem Worte eine Ableitung von **asium* (Wb. *agio*) ***asiarium* vorliegt; berg. nur das Simpl. *asc* bres. *aze*. — vgl. noch bei Bouves. *relioso negliente*, mail. *boraina sainella lienda* (*legenda*) Salv. l. c. — In *flavel* 695 wäre nach dem Ausfalle der Palatalis Hiatustilgd. *v* eingetreten, vgl. *v*. —

b) nach Conson. *pianzer* 302 *unzer* 379 *gorzeri* 496 *verzella* 1348 *constrenzer* 1983 *molzer* 1984 *azonzer* 2059. — Dagegen -ǧ- in *gengiva* 68 *calgier* 1587 (*calig(i)arius*) bres. *calǧer calier*, letztere Form mit dem zu erwartenden Ausfall der intervok. Palat. vor Tonvokal; Beitr. *calig(h)er*. — Gelehrt: *virgen* 7 *evangelio* 1442 *cirogia* 1541 *argent* 1609.

---

1) Beitr. 18: „Ob *sita* aus *sa(g)itta* bei noch gutturalem *g* (?) oder aus *sajita* zu deuten sei, kann zweifelhaft sein."

III. im Auslaut dieselbe Behandlung wie im Inlaut: *ruz* 882; *perponz* 429 *franz* 885 *strenz* 1547 *lonz* 2050 it. *lungi*. — gefallen in *re* 584. — In *oreng* 1292 berg. bres. *orènc* liegt wohl das germ. Suff.*-ing* vor, vgl. *Gram.* II, 379[1]). — Da jedoch die Anwendung desselben auf Pflanzennamen unüblich ist, möge noch auf die von Cherubini *Voc. Mil. V, p.* 305˙ erwähnte Eigenthümlichkeit des benachbarten Brianzuolischen hingewiesen werden, it. -*ğ* im Auslt. wie -*ng* (!) auszusprechen: *leggere correggere reggere* = brianz. *leng coreng reng*. Es entspräche dann *oreng* dem it. *ororegio* mail. *lavor reğ = laurus regius*. —

j.

Die Behandlung entspricht der von palatalem *y*. — I. im Anlaut zu z (stimmh.): *zoven* 13 *zugar* 561 *zog* 562 *zof* 1158 *zocla* 1159 *zonchada* 1176 *zongia* 1596; *giostra* 559 ist Lehnwt., *juditio* 1513 *iusticia* 1912 sind gelehrt. — II. im Inlaut. intervok. *mazorana* 1216, it. *maggiorana*. — vor dem Tonvokal gefallen: *maistad* 1422. — Rom. j. — lat. Hiat.-I, vgl. unter den betr. vorausgehd. Conson. — Parasitisch entwickelt: *boy* 917 *moyeta* 889 *seya* 97, vgl. *l*; *nioch* 798 *scagnio* 737, vgl. *n*; u. s. f. —

qu.

I. im Anlaut meist *qu* erhalten: *quater* 249 *quadrel* 627 *quarter* 654 *squadra* 1646; *quella* 231 *quel* 1034, 1913. — zu k: *come* 1070; *calarol* 1199 (wenn v. *qualus?*); ferner das Pron. rel. *chi* 1699, 1753, 1827 u. ö.; *po che* 339. —
II. im Inlaut: *loquela* 321 *pasqua* 797 *aqua* 1043, 1575, 1914 *adaquada* 1067 *aquistá* 2085. — verliert die Labialis in: *antiga* 18 *antigitad* 19; die Gutturalis in *soveter*.

---

1) Zu den von Diez erwähnten mail. Beispielen: *brunengh invernengh maggengh marzengh* können aus dem berg. bres. hinzugefügt werden: *baléng = traballante, balordo; maseng = vigoroso, maggese; inverneng*. — vgl. auch nordital. Städtenamen auf *-eng*, Rosa p. 82; Steub, Herbsttage in Tyrol, p. 142, 258.

960 (*sequenter). — torzer 294 cos 891 cusina 842 von vlt. torcere cocere. —

t.

I. im Anlaut stets geblieben. — Merkwürdig ist *parma* 220 *parmada* 219 it. *tarma*, berg. bres. *parma* u. *tarma*, com. V. Tell. *parmi.* — tr zu dr: *drola* 1202 (*trulla*). —

II. im Inlaut a) intervokal. zu -d- geschwächt. So auch im berg. bres.[1]). — *edad* 10 *budel* 155 *spudá* 351 *refiadar* 355 *sida* 390 *cadenaz* 615 *lumedal* 621 *vedel* 770 *sedella* 928 *oder* 1024 *madura* 1063 *preder* 1364 *roda* 1389 *préveda* 1459 *marzáder* 1582 *creda* 1820 u. a. -ata -ita-uta: *frugiada* 218 *trida* 925 *veniuda* 252 u. s. f. -aticum = -adeg-adga, -atorem = -ador, -atura = -adura, -eta = -eda. — t gelehrt erhalten in den Endg. -itatem-itudinem, *antigitad* 19 *infirmitad* 231 *sumitá* 1858; *moltituden* 1788 *servitude* 1867; in *meytad* 656 frz. *moitić segurtá* 2100 *t* durch sekundär vorausgetretenen Consonanten gestützt. — In gelehrten Wörtern und bei latinisirender Schreibg.: *natura* 319 *muta* 343 *mutezá* 342 *moschatel* 810 *insalata* 1072 *metal* 1603 *deventato* 1700 *fratelo* 1713 neb. *fradel* 1718 *nati* 1715 *nata* 1886 neb. *nada* 262 *nado* 1699, *vita* 1802 *licito* 2046 *rotunda* 1906 *grata* 2091 u. a. — t gefallen in *zayna* 753 (*cyath(us)* + *ina*) *asć* 1349 *ruga* 1234 (*ruta*). — *t* zu l in *paylí* 365 (*patire-*paidir-*pailir?*) berg. *pai paidí paglí*, com. *paidí*, vgl. Beitr. *paire*. — b) t + Conson. -tr- zu -dr- : *cusidris* 433 *vedriol* 690 *colcedra* 718 *nudrigá* 1736 u. a.; zu -r- in *palpera* 41 berg. mail. *palpera;* -tr- gelehrt erhalten: *me-*

---

1) W. Meyer *Gr.* § 436, hält -t-, -d-, -dh- in mittelalterl. Denkm. Norditaliens für blosse histor. Schreibg., und ist geneigt, schon vor Beginn der Litteratur allgem. Ausfall des primären und sekundären -d- anzusetzen. Den Umstand, dass das Nmail. und Nvenez. vielfach -d- zeigen, erklärt er durch starken Einfluss der Schriftsprache. — Diese etwas gewaltsame Entscheidung ist jedenfalls für das Berg. nicht annehmbar, da hier in der alten Sprache die Schrift, in der neuen die Ausspr. fast durchweg noch -d- zeigen. — vgl. d.

ria 1486 *impetrá* 1967. — -t'l- schon vlt. zu ·cl-, vgl. *c.* —
-t's-, -t'ç- zu -z- (c).· *denanz* 21 *inanz* 338; *panza* 128 *pancera* 501. — -tj- meist zu z: *mazol* 210 *miza* 279 *scorza* 685 *lenzol* 715 *stizó* 862 *maza* 1026 *balzana* 1114 *piaza* 1411 *terza* 1494 *stázo* 1519 *guzeza* 1805 (*acutj + *itia*) u. a.;
-atiare-itiare = -*aza*(r)-*eza*(r). — In den Auslt. getreten: *cadenaz* 615 *sigez* 705 *lavez* 873 *poz* 929 *asenz* 1228. —
Oft jedoch ist, bsds. intervok., die Weiterentwicklung zu stimml. s eingetreten, welches die heutige Mdt.[1]) allgemein durchgeführt hat. Ebenso das Mail., doch lehrt der *Prissian de Milan* (1606) noch die Ausspr. -*ts*-, und in der Schrift, selbst bei *Cherubini*, findet sich noch die Schreibg. *z*, vgl. Salv. § 311. — *gosuda* 275 *artesá* 1516 *posió* 1536 *resó* 1879 *zentilisia* 1945; *gos* 274 *glis* 640 *gabus* 1260; *bolsó* 517 *olsapé* 617. — Häufig auch gelehrte Schreibg. -ti-: *artifitiosamet* 320 *stantia* 589 *congregatio* 767 *prefatio* 1445 *juditio* 1513 *spatio* 1871 *otiosa* 1930 u. a., daneben *spaci* 251 *spacio* 1888 *iusticia* 1912. — -stj- auch zu -s·: *ingosa* 368 berg. mail. *ingossa; uso* 609 *us* 620, vgl. *ρ.* — Merkwürdig ist *uschio* 1724, 1897, wohl eine ungeschickte Italienisirung. — c) Conson. + t: t stets erhalten: -*pt*-, -*ptj*-, -*bt*-, -*vt*-, -*ct*-, -*nt*-, -*lt*-, vgl. den ersten Conson. —
t gefallen nach *s* als mittlerer von drei Conson. in: *poscena* 838 *pesnaga* 1241. —

III. im Auslaut a) nach Vokalen zu d: *marid* 4 *edad* 12 *citad* 1403; *prad* 1362 *marchad* 1416; Part. -atum = -ad; *stranud* 66 *scud* 520; *red* 209 *pared* 592 *dred* 22, 438 neb. *dre* 62; *did* 106; *preved* 1458 u. a. — t ist entweder gelehrt erhalten oder Schärfung des ausltd. Conson., wie sie sich im heutigen berg. zeigt, ist eingetreten in: *grat* 104 neb. *grad* 1195, *bugat* 963 *liberat* 1701 *nat* 1713 *nudrigat* 1737 neb. *menad* 1739, und so häufig im letztern Theile des Glossars; *gombet* 96 *asit* 1061 *marit* 1716 *zespet*

---

1) Tiraboschi, *Vocab:* „*Gli abitanti della città non conoscono l'uso della Z; onde avviene che molti, anche parlando l'italiano, pronunciano con assai pocha grazia* Ambissione, Bellessa, Richessa. — *Al contrario nella V. S. Martino usano la z con molta dolcezza, ed in V. Gandino si pronuncia tanto fortemente da doversi reputare piuttosto tedesca che italiana.*"

1268 *introyt* 1434 u. a. — *t* gefallen in *e*, einmal lat. *et* 1700; *o* 1044 *cho* 1392; *tapé* 949; *infirmitá* 1721 *sumitá* 1858 *segurtá* 2100; ferner in Verbalformen. — b) nach Conson. stets t. Nur in *smald* 476 steht *d*. — Merkwürdig ist *cavred* 1169 i t. *capretto*. — *po che* 339 (*po*(*st*)*quam*) i t. *poichè*. —

d.

I. im Anlaut· stets erhalten. — II. im Inlaut a) intervokal. geblieben: *caduch* 227 *sudari* 318 *straodi* 325 *vedir* 328 *pedó* 543 *cruda* 630 *sedesi* 655 *sedi* 825 *citadina* 1411 *lampada* 1455 *medeg* 1539 *radis* 1756 neb. *rays* 1269 *nido* 1872 *odor* 1917 *aduná* 1986 u. a. — Zuweilen Ausfall vor dem Tonvokal: *miola* 133 *piog* 188 *infregias* 358 *fregior* 359 (*frigi(*d*)*orem*) *rays* 1269; bei den Adjekt. auf -ĭda: *marza* 182 *ranza* 1000 *trobia* 1060 *crespia* 1073; ferner in *trosa* 1081 (*tra*(*d*)*ucem*) *cova* 1373; *cadrega* 743, vgl. *v*. — b) d + Conson. *d* bleibt. — Im Präf. *ad*- Assimil. mit dem folgd. Conson. *asé* 1349 *asolt* 2057 und in Zeitwörtern; gelehrt: *adjutorio* 1796 *advegnament* 1823. — -dj- zu -z- (stimmh.), berg. anltd. und intervokal. *s*, sonst *z*, V. Gandino u. S. Martino wie im Ital. *zz*, Mail. stimmh. *s*, vgl. -tj-: *mezul* 55 *mez* 109 *meza* 580 *mezé* 993; *garzá* 400 *garzó* 401 *garzol* 1079; *orz* 661 *manz* 1150 (*mandium) *ponzér* 1194 *virz* 1208 *raz* 1391 *zagen* 1476 *revenzáder* 1595 *franza* 1766; *inchizen* 1617 (*incud(*j*)*inem*, wenn nicht Suffixvertauschung-*uginem*, vgl. *W. Meyer Gr.* § 535). — Das Hiatus-I hat nicht palatisirt in *pinedi* 1558; ferner in *meytad* 656 *moyol* 753, wo *d* gefallen ist; in *breda* 1360 (*praedia*) ist *i* geschwunden; gelehrt *fastidiosa* 1922. — c) Conson. + d. *d* bleibt. In *scarteza* 403 *scartéza* 404 = it. *scardassare* wäre -rd- zu -rt- (lomb. *rt*) geworden, wohl durch Einwirkung eines dtsch. St. *scarti*, vgl. *Salv. p.* 265 Anm. —

III. im Auslaut a) nach Vokalen erhalten: *nod* 112 *chiod* 611 *trésped* 748 neb. *trepé* 886, *palud* 1353. — gefallen in *pe* 172, 239 u. ö. neben *pede* 176; *a* (*ad*) 544, 1827. — b) nach Konson., geblieben: *pond* 237 *sord* 344 *sold* 542 *aprend* 871 *dond* 912 *fond* 1037 u. a. — zu *t* erhärtet in *lart* 898 *ascont* 1970. —

Einschub eines d: *cender* 206 *vander* 969, vgl. unbet.
a. — Zwischen in und Artikel: *in del lavez* 916, vgl.
Salv. § 407: „*d si trova sempre fra la prepos.* in e l'art.
quando comincia per vocale." — *d* für -v-, vgl. v. —

S.

I. im Anlaut stets erhalten. — Zu z verschärft in *zubra* 447 (wenn v. *suber*).

II. im Inlaut erhalten. — Gefallen in *trangot* 362 (**trans-gluttire*); zu z verschärft in *insenz* 1454 *perzegada* 1556 neb. *perseg* 1286. — In *batizerij* 1483 berg. *batesere* Anlehnung an das Ztwt. *batezá* 1482 berg. *batesá*. — *preved* 1468 it. **prebiter* anzus. — -sj- zu -s-, berg. -s-: *biasá* 77 (**blaesiare*) *fasol* 679 (*phaseolus*) *pisá* 686 (**pi(n)siare* st. *pi(n)sere*) *casonzel* 794 (v. *caseum*) *lisa* 975 (Wb. *liscio*) *ceresa* 1309; *camisa* 383 kann regelrechte Entwicklung aus *camisia* sein, jedoch auch it. *camicia* entsprechen. — Das Hiatus-I scheint nicht palatisirt zu haben in den wohl halbgelehrten *palasio* 583 *zesia* 1420 *giesia* 1512 Decal. *giesia* berg. *cesa* V. G. *gesia* Asson ica: *zezia*. — Ferner in *bosia* 1995 Salv. Pass. *boxia* berg. bres. mant. *bósia* Schn. *bósia* mail. *bosía*, it. *bugía*, wo die Zurückziehung des Accents vielleicht jüngern Datums ist. — -sc-, vgl .*č*. — -stj-, vgl. *t*.

III. im Auslaut gewöhnlich geblieben. — gefallen in *su* 349 *asé* 1349 *po che* 339.

Von dem im heutigen berg., vgl. Tiraboschi, *Vocab.* p. 31, *W. Meyer Gr.* § 417 u. § 468, weit verbreiteten Wandel von stimml. *s* zur Aspirata *h* zeigt sich noch keine Spur.

X.

Im In- und Auslaut meist durch s (stimml.) wiedergegeben; daneben gelehrt mit lat. Schreibung und wohl auch Aussprache x: *seya* 97 *cossa* 166 neb. *co$\overset{x}{s}$al* 507 *lesiva* 205 *asal* 1387 *busolot* 1563 *toseg* 1572 *semen* 1900; *fersa* 242 *insuda* 260 *destrer* 1099 *tester* 1599 *sest* 1645; *les* 891 taş 1330. — *flux* 236 *sexta* 1495 *luxorios* 1682 *executio* 2086 *exprimer* 2087.

Z.

Die Behandlung entsprechend derjenigen des *z* aus -*tj*-. — lat. *z*: *zenzerví* 1307 (v. *zizyphus*); dtsch. *z*: *milza* 148; arab. *z*: *sofrá* 758 berg. *sofrá* mail. *zaffran* it. *zafferano*.

h.

Wird nur etymologisirend, daher oft falsch gesetzt: *hera* 696 *era* 704; *herbor* 1275 *erbor* 1192; *hogi* 1748 *ogi* 1745; *lomo* 1 *lo homo* 1704 u. a.

Lebenslauf.

Geboren wurde ich, Jean Etienne Lorck, als Sohn des Malers Karl Jul. Lorck und seiner Gattin Anna geb. Meyer, zu Düsseldorf am 13. März 1860. Ich bin wie meine Eltern norwegischer Staatsangehörigkeit und lutherischen Glaubensbekenntnisses. Meine Schulbildung erhielt ich an dem königl. Gymnasium zu Düsseldorf, welches ich Ostern 1880 mit dem Zeugniss der Reife verliess. In Dankbarkeit werde ich stets des Direktors der Anstalt, Herrn Dr. Kiesel's gedenken. Das folgende Halbjahr befliss ich mich der Philosophie und Geschichte an der Hochschule zu Strassburg. Im Herbst siedelte ich mit meinen Eltern nach Norwegen über, wo ich an der Universität zu Christiania den Winter über Vorlesungen hörte. Schon im Frühjahr 1881 fand ich Gelegenheit nach Deutschland zurückzukehren und in Freiburg im Breisgau meine Studien fortzusetzen. Meine akademischen Lehrer waren bis dahin: Laas, Scheffer-Boichorst, Baumgarten, Michaelis, Wiegand; Monrad, G. Storm, Sars; Windelband, Paul, Rümelin, Rolef. — Widrige Verhältnisse und insbesondere der am 28. August 1882 erfolgte Tod meines theuern Vaters zwangen mich von nun an, selbstthätig für meinen Unterhalt zu sorgen. Ich verbrachte drei Jahre in Italien, Frankreich und England als Lehrer an Knabenschulen, bis mir im Herbst 1884 durch die hochherzige Unterstützung eines Jugendfreundes meines Vaters, des Grafen W. Mörner, dem ich bei dieser Gelegenheit noch einmal meinen tiefgefühlten Dank auszusprechen mich gedrungen fühle, Gelegenheit ward, meine lang unterbrochenen Studien wieder aufzunehmen. Mich der neuern Philologie widmend, hörte ich in Bonn die Vorlesungen der folgenden Herren Professoren und Privatdozenten: Förster, Trautmann, Wilmanns, Stürzinger, Morsbach, Lipps und' des Lektors Herrn Delhorbe. Im Sommer 1886 wurde ich ordentl. Mitglied des Romanischen Seminars. Dem Vertrauen meines verehrten Lehrers Prof. Förster verdanke ich seit dem Frühjahre 1888 meine Anstellung als Lektor der französischen Sprache an hiesiger Hochschule, eine Stelle, die ich bis heute bekleide.

Allen meinen Lehrern weiss ich den aufrichtigsten Dank. Ganz besonders verpflichtet bin ich Herrn Prof. W. Förster, dem treuen Berather und langjährigen Leiter meiner Studien.

Thesen.

1) Dem Femininum-Plur. der heutigen lombard. Mdt. muss ursprünglich ein Fem. Plur. auf -i (= lat. -ae) zu Grunde gelegen haben.

2) Man muss für das ältere Lombard. eine weitere Verbreitung der Nasalirung annehmen, als sie heute vorliegt.

3) Im bergamaskischen *Decalogos* ist zu lesen statt *Qua de li son vegi*: *quad eli son vegi*; statt *Novamente a la riva*: *novamente al' ariva*; statt *E per quel de via fi lapidata*: *e per quel devia* . . . .

4) Ital. *baciocco* „Dummkopf, Tölpel" kommt nicht mit Diez *Wb. II a* von lt. *bacca* oder mit Gröber *Wölffl. Arch. I* 247 von **baceolus* Abltg. aus *baca*, sondern ist lombard. Lehnwort und hängt mit *baculus* zusammen.

5) Gegen die Herleitung des ital. *stordire* asp. *estordir* frz. *étourdir* aus *torpidus* Diez *Wb. I*, die schon Förster mit Rücksicht auf das geschloss. *o* des Roman. abgewiesen hat, und für die Abstammung von *turdus* sprechen auch die lomb. Formen, die auf *sturnus* zurückgehen.

6) W. Meyer in seiner „Grammatik der Romanischen Sprachen" würde in der Erklärung vieler abweichenden Lauterscheinungen entschieden glücklicher gewesen sein, wenn er die von Förster aufgestellten Gesetze des Um- und Ablauts, *Ztschr. III* 508, mehr beachtet hätte.

7) Christian von Troyes kann den Stoff zu seinen Artusromanen nicht aus England erhalten haben.

8) Litterarische Schulung sowie Volkseigenart hindern die Franzosen zu einer vollen Erkenntniss der Grösse Shakespeare's zu gelangen.